動詞の意味を分解する

様態・結果・状態の語彙意味論

開拓社
言語・文化選書

71

動詞の意味を 分解する

様態・結果・状態の語彙意味論

出水孝典 著

開拓社

は じ め に

　最近，英語の動詞に関する意味論で，様態と結果，あるいは様態動詞と結果動詞という言葉がよく出てきます。2016年5月28日，29日に京都大学で開催された日本英文学会第88回大会でも，私が司会を務めた「様態動詞と結果動詞」というタイトルのシンポジウムが開催され，私以外に五十嵐海理氏，臼杵岳氏，森下裕三氏を講師として，興味深い発表と議論が行われました。でも，そもそも様態と結果って何なのでしょうか？　だれがこのような区別を言い出したのでしょうか。

　この本が取り上げているのは，Beth Levin と Malka Rappaport Hovav という2人の言語学者がこれまで提唱してきた，事象スキーマ（事象構造鋳型）に基づいて動詞の語彙意味表示を作り出す理論です。私自身は大学院生であった1998年に彼女らの理論に初めて触れ，それによってさまざまな動詞の意味が説明できることに感動と興奮を覚えました。それ以来ずっと，自分の研究の道具立てとして使うため，彼女らの理論を追いかけ続け今日に至っています。初めのうちは，彼女らの理論がもつ巧みさに魅了されていただけでしたが，発表され続ける論文を次々と批判的に読んでいくうちに，彼女らの理論に見られる不完全な点や矛盾にも気づくようになりました。それでもなお，彼女らの理論は私自身の研究の中心にあり続けています。

　Levin と Rappaport Hovav が近年明確に定式化した考え方の一つに，様態・結果の相補性というものがあります。簡単に言うと，様態というのは「どのようにするか」，結果というのは「どのようになるか」なのですが，様態・結果の相補性という考え方に従うと，一つの動詞はこれらのうちどちらか一つしかその単語自体の意味としては表せないということになります。これが具体的にはどのよう

なことで，実際の言語現象にどのように反映されているのかを見ていくことが，この本の目的の一つです。もう一つの目的は，なぜ様態・結果の相補性という考え方が出てきたのかを，彼女らが提示している理論の仕組みに基づいて理解することです。この二つの目的を達成するために，予備知識のない読者にもできる限り理解しやすいように，さまざまな具体例を挙げながら平易に解説することを試みましたが，どのくらい成功しているかは，読者の判断にまかせるしかありません。

　まず第 1 章から第 6 章で，Levin と Rappaport Hovav による理論の概説による導入を行います。初めの第 1 章では，様態と結果がどのようなもので，それが相補的であるというのはどういうことなのかを見ていきます。次の第 2 章では，動詞の意味には 2 種類の要素（つまり，さまざまな動詞に共通する意味的公約数のような部分と，各動詞固有の意味成分）があることをまず見ます。そして，事象スキーマという公約数的部分を表す鋳型に，動詞固有の意味を表す語根を埋め込むことによって語彙意味表示ができ，それがそれぞれの意味要素を巧みに表示し分けていることを確認します。続く第 3 章では，動詞が描く場面の登場人物である参与者という概念を導入し，それが動詞の意味表示とどのように関連するのかを見ていきます。第 4 章では，事象スキーマへの語根の組み込み（関連づけ）という仕組みを，図解を交えながら見ていきます。ここまでは様態動詞・結果動詞という動作動詞を扱いますが，第 5 章で新たに状態動詞を考察対象に加えます。さらに第 6 章では，事象スキーマと語根の根本的性質について学びながら，それまで見てきたことをまとめていきます。ただし，Levin と Rappaport Hovav の理論には不完全な点や矛盾も数多く見られます。この本で提示している理論は，それらをどう修正すべきかに関する私自身の考えを含んだものなので，Levin と Rappaport Hovav によるオリジナルの理論と完全には一致しない部分もあります。いわば私なりに彼女らの理論をアレンジしたものです。それでも，彼女らの理論を取っ付きに

くいと感じている人が読んで，少しでも理解の助けになればよいと思っています。

　続く第7章から第9章では，Levin と Rappaport Hovav による理論を，他の理論の知見を取り込む形でかなり改変したものを使って，さまざまな言語現象を分析していきます。第7章では，移動様態動詞＋前置詞句の意味をどのように分析し，どう表示すべきなのかという問題に取り組みます。Levin と Rappaport Hovav 自身は，Levin and Rappaport Hovav (1999)，Rappaport Hovav and Levin (2001) で移動様態動詞＋前置詞句の意味を事象の同一認定という仕組みを使って分析していますが，事象スキーマに基づく意味表示は提示していません。この本では Talmy (1985, 2000) によるマクロ事象とその構造という考え方を取り入れ，Demizu (2015) を発展させた形で，移動様態動詞＋前置詞句の意味をどう表示すべきなのか見ていきます。第8章では，The door opened. と John opened the door. のような状態変化動詞の自他交替（これは使役交替とよく呼ばれます）を取り上げ，一方から他方を作り出す仕組みで説明するのが難しいことを示します。最後の第9章では，状態変化動詞の自他交替を説明する一つの案として，Härtl (2003) による自動詞形と他動詞形の使用条件を参考にしながら，語根のプロファイルされる範囲によって組み込まれる事象スキーマが変わってくるという認知言語学的な発想を取り入れた仕組みを提案します。そして，そうした語彙意味論的な研究に認知言語学の知見を取り込むという発想が動詞の意味論研究でどのような意味をもつのかを最後に述べます。

　この本は初め，Levin と Rappaport Hovav による理論の概説書として書き始めたのですが，彼女らの理論に見られるさまざまな不備（と私が考えているもの）を修正する書き方をしていくうちに，彼女らの理論を自分の研究に援用するため私なりに発展させたものを概説する内容となりました。第1章から第6章は，大筋では Levin と Rappaport Hovav の理論に沿ったものになっていますが，

viii

第 7 章から第 9 章は，Levin と Rappaport Hovav による理論から
はやや外れたとも考えられる，かなり思い切った提案をしていま
す。そういった意味で，Levin と Rappaport Hovav の入門書と私
なりの語彙意味論研究の折衷的な内容になっていると思います。

　いろいろな考え方があるとは思いますが，様態と結果って何なの
だろうか？　動詞の意味ってどんなふうに分析できるんだろう？　と
いったことに関心のある人にとっては，それなりに面白い内容に
なったのではないかと思います。また，英語学（特に動詞の意味論）
を学んでいる学部学生・大学院生に対しては，新たな興味を喚起し
たり，新たな知見を提示したりできればと思って書きました。この
本がそのような役目を果たせれば，筆者の私としてはうれしく思い
ます。

目　　次

第1章　様態と結果って何？

1.1.　はじめに

　みなさんは推理小説を読んだりしますか。ちょっとここで，推理小説の事件が解決する部分を読んでいる途中で，トイレに行くことになったと考えてください。被害者の死体は発見されず，哀れな被害者は犯人にいつどのようにして殺されたのかということを，刑事が推理している場面を想像してみましょう。トイレの中であなたは，先ほどまで読んでいた推理小説の内容について考えます。

　トイレに行く直前に読んでいたところに，刑事のセリフとして，

(1)　「8 月 21 日の午後 3 時に，犯人は被害者を殺したのだ」

と書いてあったとします。トイレの中のあなたはおそらく，どうやって殺したんだろう？ 殴ったのかな？ 首を絞めたのかな？ それともコーヒーに毒を入れたのかな？ と，どのようにして犯人が被害者を殺したのか，あれこれ考えるはずです。

　一方，同じような刑事のセリフが，

(2)　「8 月 21 日の午後 3 時に，犯人は被害者を殴ったのだ」

になっていればどうでしょうか。この場合，さっきとは違って，殴られた被害者はどうなったのかな？ その場で死んでしまったのか

な？ それとも，意識を失っただけで，その後どこかへ連れ去られて殺されたのかな？ それとも，殴られてもそれほどダメージを受けず，犯人と乱闘になって犯人を負傷させたのかな？ と，犯人が被害者を殴った結果，被害者が<u>どうなったのか</u>，あれこれ考えることになるでしょう。

　初めから，血なまぐさい話をしてすみません。でも，このようなたとえ話が一番わかりやすいと思ったのです。実はこれは，英語学の語彙意味論という分野で，最近よく話題にされている，「様態と結果の相補性」に関する話なのです。いきなり，このような言葉が出てくると，様態って何？ 結果ってどういう意味で言っているの？ 相補性 ... わかんない！ となるかもしれませんが，これらについては，少しずつ説明していきます。まず，「殺す」「殴る」という，日本語の二つの他動詞について考えてみましょう。

　「殺す」を『新明解国語辞典』（第7版）で調べると，次のように説明されています（これを，より専門的には，定義されていると言います）。

(3)　ころ・す【殺す】（他五）
　　〈（なにデ）だれヲ殺す〉
　　何かの方法で，<u>相手を死に至らせる。</u>

ここから読み取れるように，「殺す」という動詞がはっきりと述べているのは，下線を引いた「相手を死に至らせる」という，この出来事によって生じる結果です。一方，どのようにして殺すのか，つまり殺し方，もっと言語学的な言い方をすれば，殺害の<u>様態</u>については，「何かの方法で」とだけ説明されているように，語の意味としてはっきりと決まっていないのです。この「殺す」のように，語の意味として結果状態を指定しているものの，様態は未指定である動詞のことを，結果動詞（result verbs）と言います。

　次に，「殴る」を同じ辞書で調べると，次のように定義されていることがわかります。

(4)　なぐ・る【殴る】（他五）
〔懲罰を加えたり危害を加えたりする目的で〕こぶしを振り
下ろして，相手の顔や頭に強い衝撃を加える。

この「殴る」という動詞の定義は，先ほどの「殺す」の場合とずい
ぶん違います。「こぶしを振り下ろして，相手の顔や頭に強い衝撃
を加える」という部分からわかるのは，どのようなことをするのか，
つまり様態です。一方，殴った結果，殴られた相手がどうなるの
か，つまりこの殴るという出来事によって生じる結果については，
定義に何も書いていないことからわかるように，語の意味に含まれ
ていないのです。この「殴る」のように，語の意味として様態を指
定しているものの，結果状態は未指定である動詞のことを，様態動
詞（manner verbs）と言います。

　ここで，先ほどの，推理小説の解決編の途中でトイレに行ったと
きの状況を思い出してみましょう。(1) の場合，「犯人は被害者を
殺した」というように，結果動詞である「殺す」が使われていまし
た。だからあなたは，被害者がどうなったのか，つまり被害者に生
じた結果についてはわかっていたわけです。けれども，結果動詞で
は様態が未指定ですから，犯人が被害者をどうやって殺したのか，
あなたには続きを読まないとわかりません。そのため，「殴ったの
かな」などと考えることになったわけです。

　一方，(2) の場合，「犯人は被害者を殴った」というように，様
態動詞である「殴る」が用いられていたので，あなたは，犯人が被
害者に何をしたのか，つまり犯人が被害者に対して行ったことの様
態についてはわかっています。しかしながら，様態動詞では結果が
未指定ですから，犯人に殴られた被害者に生じた結果は，続きを読
まないとわかりません。そこであなたは，「その場で死んでしまっ
たのかな？」などと考えたわけです。

　これを下のような図にすると，もっとわかりやすいかもしれませ
ん。

4

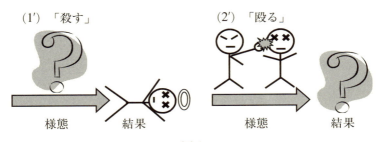

(1′) 「殺す」　(2′) 「殴る」

様態　　　結果　　　　様態　　　結果

図 1

この図で絵を描いてある部分が，それぞれの動詞の意味としてはっきり述べられている部分です。「殺す」では結果，「殴る」では様態がこのような部分になっています。こんなふうに動詞がある内容，つまり概念をその意味として指定していることを，語彙意味論では，動詞が概念を「語彙化する」(lexicalize) と言います。一方，？マークを描いてある部分は，動詞が語彙化していない，つまりその動詞が使われているのを聞いただけでは，どういう内容なのかわからない部分なのです。

　図からわかるように，結果動詞「殺す」は結果を指定していますが，様態は未指定です。一方，様態動詞「殴る」は様態を指定していますが，結果は未指定です。ふつう，このような動作を表す動詞，つまり動作動詞（dynamic verbs）は様態か結果のどちらか一方だけ，はっきりと表します。このどちらか一方だけということは，相補性（complementarity）と言うのですが，これに関しては，また後で詳しく見ていきます。さて，じゃあ両方言いたい場合はどうしたらいいのでしょうか。ふつう，次のように言います。

（5）「8 月 21 日の午後 3 時に，犯人は被害者を殴り殺したのだ」

この「殴り殺す」のような二つの動詞がくっついた形のことを，専

門的には「複合動詞」と言います。[1] このような場合，必ず様態動詞（「殴る」）が先に来て，結果（「殺す」）が後に来るという特徴があります。その証拠に，次のように言うとおかしいでしょう（言語学では，言えない文を非文と呼び，＊の記号を付けて非文であることを示す流儀になっています）。

(5′) ＊「8月21日の午後3時に，犯人は被害者を殺し殴ったのだ」

　では，どうして様態動詞を前，結果動詞を後にして複合動詞を作るのでしょうか。ここで図1の(1′)と(2′)を見直してみましょう。実は，この図は左から右へと時間の流れに沿って描いてある図なのです。ここからわかるように，何らかの様態（による行為）が先におこなわれ，それによってある結果が生じるわけです。つまり，時間的に言うと，様態が前，結果が後ということになるのです。複合動詞を作る場合，それぞれの動詞を並べる順番というのは，このようにそれぞれの動詞の表す状況が生じる順番を反映します。つまり，言語表現の順序が時間の流れを反映するのです。[2]

1.2. Rappaport Hovav and Levin (1998)

　さて，話を様態動詞と結果動詞に戻します。ここまでは，日本語の「殺す」「殴る」を例に取って話をしてきましたが，これはもともと，英語のさまざまな動詞に関して Beth Levin と Malka Rappaport Hovav という，語彙意味論に関する論文を共著で書いてきた言語学者たちが，Levin and Rappaport Hovav (1991, 1992) 以来ずっと言ってきた区別なのです。では，この2人の言語学者は

---

[1] 複合動詞についてもっと知りたい人は，影山（1999: 188-199）を読んでください。この本では紙幅の都合上，複合動詞はこれ以上扱いません。

[2] このような言語の性質を，認知言語学ではイコン性（iconicity）と呼んでいます。

6

どのような説明をしているのでしょうか。ここで，その理論がほぼ現行の形で提示された Rappaport Hovav and Levin（1998）で，2種類の動詞について，どのように述べられているのかを見ていきましょう。

(6)　... the verbs [*sweep, whistle, run*] all lexically specify or "lexicalize" the manner in which the action denoted by the verb is carried out. These verbs contrast with verbs such as *break* and *open* which lexicalize the result of the action denoted by the verb, but not the manner. We therefore refer to verbs like *sweep* and *run* as "manner verbs" and to verbs such as *break* and *open* as "result verbs."　　　　　(Rappaport Hovav and Levin (1998: 100–101))

（sweep, whistle, run といった動詞がいずれも，語彙的に指定している，つまり「語彙化」しているのは，動詞によって表される行為が行われる様態である。これらの動詞と対照的なのが，breakや open のような動詞で，動詞によって表される行為の結果を語彙化しているが，様態は語彙化していない。それゆえ，我々はsweep や run のような動詞を「様態動詞」，break や open のような動詞を「結果動詞」と呼ぶ）

ここで，英語の様態動詞の例として sweep, whistle, run，結果動詞の例として break と open が挙げられています。これについて少し考えていきましょう。

　英語の様態動詞 sweep「掃く」は，ほうきやブラシで床などの場所をなでるようにして，ごみを押しやるという様態を表しますが，その結果どうなるかはわかりません。確かに「床を掃く」場合，ふつうは床をきれいにすることが目的です。でも，その目的が達成されて望んでいた結果が生じたかどうかに関して，様態動詞は語彙的に指定していないので，床がきれいになることもありますが，床が汚れたままであることもなくはないのです。このことを Rappaport

Hovav and Levin（1998）は次のように言っています。

(7)　　... although a floor is typically swept in order to remove
　　　dirt and debris, a floor that is swept need not end up be-
　　　ing clean.　Although a hearer will infer that a swept floor
　　　is a clean floor because the conventional goal of sweeping
　　　is to clean a floor, there is nothing contradictory in saying
　　　Tracy just swept the floor, but there are still crumbs on it.
　　　　　　　　　　　　　　　　（Rappaport Hovav and Levin（1998: 101））
　　　（床を掃くという場合ふつう，その目的は汚れやごみを取り除くこ
　　　とだが，掃いた床が最終的にきれいになっている必要はない。掃
　　　く目的は一般に床をきれいにすることなので，聞き手は掃いた後
　　　の床がきれいな床だと推論するだろう。だが，「トレーシーが床を
　　　掃いたばかりだが，床の上にまだパンくずが残っている」と言っ
　　　ても何ら矛盾するところはない）

つまり，sweep the floor（床を掃く）の sweep（掃く）が，語彙的に
指定しているのは様態だけで，掃いてどうなったのか，つまり掃い
た結果に関しては，未指定だということです。この点で英語の動詞
sweep は，冒頭で見た日本語の動詞「殴る」と同じような意味的性
質をもっていることがわかります。
　一方，英語の結果動詞 open は，たとえば open the door（ドアを
開く）という場合には，何かの方法でドアを開いた状態にするとい
う意味を表します。この場合，open が語彙的に指定しているのは，
開いた状態という結果だけであって，どのような方法でそのような
結果を生じさせたのか，つまり「開けた」様態については，未指定
なのです。そして，日本語の動詞「開ける」「開く」も，英語の動詞
open と同様の意味を表すので，結果動詞だということになります。
　そして，英語の動詞 open や日本語の動詞「開ける」「開く」は，
このように様態が未指定であるからこそ，次のように，英語の by
doing や日本語の「... して」という形によって，想定されるさまざ

8

まな様態を述べることができるのです。

(8) John opened the door {by pushing it/by turning the knob/ by pressing the button}.

（ジョンは {押して／ノブを回して／（自動ドアの）ボタンを押して} ドアを {開けた／開いた}）

このようにさまざまな様態が想定されるのは, open the door（ドアを開く）自体が, ドアが開いた状態になるという結果だけをはっきり言っていて, どのようにしてそうなったのかという様態については, 何も言っていない, つまり未指定だからなのです。なお, Rappaport Hovav and Levin (1998) は, break と open を英語の結果動詞の例として挙げていますが, これら二つの動詞, および冒頭で見た日本語の動詞「殺す」に相当する英語の動詞 kill は, 1960 年代からずっと, この種の結果を意味に含む動詞の代表としてたびたび論じられてきたという経緯があります。

　ちなみに, Rappaport Hovav and Levin (1998) では, このような結果動詞の意味特性を, なぜか, open や break ではなく dry「乾かす」という動詞を使って, 次のように具体的に想定される未指定の様態と共に説明しています。

(9) For example, clothes may be dried by putting them into a dryer or by putting them out in the sun; the verb *dry* may be used no matter how the dry state is brought about.

(Rappaport Hovav and Levin (1998: 102))

（たとえば, 洗濯物を乾かす場合, 乾燥機に入れることもできるし, 外で日に当てることもできる。動詞 dry は乾いた状態がどのようにもたらされた場合でも使ってよい）

1.3. Levin and Rappaport Hovav (2013)

　以上で取り上げてきた動詞とその分類について，ここで Levin
and Rappaport Hovav（2013: 52）の記述を参考に，もう一度整理
しておきましょう。

　日本語の動詞「殺す」，英語の動詞 kill, open, break, dry など
は，どうなるのか（結果）を語彙化していますが，どのようにして
そうなったのか（様態）は語彙的に未指定（その動詞を聞いただけ
ではわからない）の結果動詞です。そして，これらの動詞はどのよ
うな結果状態になるのかを語彙化しているので，「状態変化動詞」
（verbs of change of state）と呼ばれます。この種の動詞の例とし
て，Levin and Rappaport Hovav（2013: 52）は次のようなものを
挙げています。

（10）　break, crack, fill, empty, melt, open, shatter, ...

日本語で対応する動詞を挙げると次のようになりますが，これらも
同じようにやはり結果動詞です。

（10′）　壊す，割る，満たす，からにする，溶かす，開ける，砕く

これらは簡単に言うと，「... になるようにする」動詞だということ
になり，「...」にその語彙化される結果状態（たとえば〈開いている
状態〉など）が入るわけです。

　一方，日本語の動詞「殴る」，英語の動詞 sweep, whistle[3] は，ど
のような行為（activity）をしたのか，つまり行為の様態を語彙化し
ていますが，その結果どうなったのか（対象物に状態変化が起こっ
たのかどうか）は語彙的に未指定（その動詞を聞いただけではわか

---

[3]　ここで注意深い読者は，（6）で言及されている run という動詞がさりげなく
省かれていることに気づくでしょう。run のような移動動詞については後で，
arrive などと一緒に見ていきます。

らない）の様態動詞です。この種の動詞の例として，Levin and Rappaport Hovav (2013: 52) は次のようなものを挙げています。

(11)　hit, kick, pour, shake, shovel, slap, wipe, ...

日本語で対応する動詞を挙げると次のようになりますが，これらも同じようにやはり様態動詞です。

(11′)　殴る，蹴る，注ぐ，振る，（雪などを）かく，叩く，拭く

これらは言わば「... する」動詞で，「...」にその語彙化される様態（たとえば〈殴るように〉など）が入ることになります。なお，(11) (11′) のような動詞は，行為の様態を語彙化しているので，「行為動詞」(activity verbs) と呼ばれることもあります。

　Levin and Rappaport Hovav (2013) はこのような様態動詞・結果動詞という，動作動詞の 2 種類の区分に関して，この二つはきれいにわけられ，様態と結果を両方一つの動詞で表すようなものはないとはっきり言っています。これを，語彙意味論では「様態・結果の相補性」と呼んでいます。

(12)　MANNER/RESULT COMPLEMENTARITY: Manner and result meaning components are in complementary distribution: a verb lexicalizes only one.

　　　　　　　　　　　　　(Levin and Rappaport Hovav (2013: 49))

（様態・結果の相補性：様態・結果という意味構成要素は相補分布[4]をなす。つまり，一つの動詞が語彙化するのはいずれか一方のみである）

----

[4] 相補分布 (complementary distribution) と言うのは少し難しい概念ですが，端的に言うと，2 種類のものが出現する環境がお互いに補い合うようになっている関係のことを言います。ここでは，様態が出て来る場合結果は出て来ず，結果が出て来る場合様態は出て来ないという関係を言っています。

つまり，様態結果動詞というようなものはないということです。[5]

1.4.　移動動詞の様態と結果

　ではこのようなことが当てはまるのは，状態変化という結果や，行為の様態を表す動詞だけなのでしょうか。先ほど取り上げなかった run はどうなるのでしょうか。

　ここでまた，推理小説を読んでいるところを想像してみてください。今度は，刑事が犯人の移動の仕方を調べている場面です。部下から刑事のところに，次のような報告が来たとします。

（13）　「犯人は，8 月 20 日の午後 1 時に，水道橋駅の横を<u>歩く</u>のを目撃されています」

このような報告を聞いた刑事，あるいはこれを読んでいるあなたは，犯人は水道橋駅の横を歩いて移動していたのだということがわかります。つまり，犯人が移動する様態はわかるのです。でも，犯人が移動した結果生じたこと（つまり，神田の古書店街へ行ったのか，東京ドームに入ったのか，JR に乗ったのかなど）は，これを聞いただけではわかりません。

　日本語の動詞「歩く」「走る」のように，どのようなやり方で移動したのか，つまり移動の様態を表す動詞のことを，移動様態動詞（verbs of manner of motion）といいます。これらは，移動の様態

---

[5] ただし，このような相補性という考え方は，様態動詞・結果動詞に関する論考を集めた由本・小野（編）（2015）の巻頭解説で次のように述べられていることからもわかるように，いろいろと意見がわかれている部分でもあります。

　　（i）　この仮説は動詞語彙に非常に強い制約を課すことになるが，現在のところ多くの議論が進行中で，一定の結論に至っているとは言い難い。

（小野・由本（2015: 11））

この本ではとりあえず，様態・結果の相補性が正しいものであると考えて，話を進めていきます。

だけを語彙化し，どこにいる状態になったのかという結果を語彙化していないという特徴があります。したがって，これも様態動詞（行為動詞）の一種です。英語の移動様態動詞に関しては，Levin and Rappaport Hovav（2013: 52）が次のようなものを挙げています。

(14)　amble, crawl, hop, jog, limp, run, swim, walk, ...

日本語に訳すと次のような動詞になりますが，やはりこれらも移動様態動詞になります。

(14′)　ぶらつく，這う，跳ぶ，ジョギングする，足を引きずる，走る，泳ぐ，歩く

　次に，刑事に対する部下の報告が次のようなものであった場合を考えてみましょう。

(15)　「犯人は，8月20日の午後1時に，水道橋駅に着くのを目撃されています」

このような報告を聞いた場合，刑事やあなたは，犯人がこのとき水道橋駅に到着したことがわかります。つまり，「水道橋駅にいる」という結果状態が生じることを，「着く」という日本語の動詞は表しているのです。でも，これを聞いただけでは，どういうルートでどのようにして（たとえば，JR 中央本線に乗ってきたのか，神田の古書店街から歩いてやって来たのか，東京駅からタクシーに乗ってきたのか，といったことです），水道橋駅までたどり着いたのか，わかりません。

　日本語の動詞「着く」「入る」のように，どこにいる状態になったのか，つまり移動の結果を表す動詞があり，これらは結果動詞の一種になります。これらの動詞を，語彙意味論では昔から「内在的に方向づけられた移動動詞（verbs of inherently directed motion）」と呼んできました。近年ではこれを「有方向移動動詞」と訳すこと

が多いです。でも，この名前はあまり適切なものとは言えません。そもそも「着く」「入る」というのは，「ある場所にいる」「ある場所の中にいる」という結果が生じることを表すだけで，方向は表していないからです。[6] そこで，この本では以下の部分で，このような動詞を移動結果動詞（verbs of result of motion）と呼ぶことにします。英語のこの種の動詞に関しては，Levin and Rappaport Hovav (2013: 52) によるリストを見ておきましょう。

(16)　arrive, come, enter, exit, fall, go, rise, ...

これは日本語だと，次のような動詞になります。

(16′)　着く，来る，入る，出る，落ちる，行く，上がる[7]

なお，これらは「ある場所にいる」という結果状態に到達したこと（つまり「... になる」という意味）を表すと言えます。「...」にはその語彙化される結果（たとえば〈着いている状態〉など）が入るわけです。なお，これらをある結果状態への到達（achievement）という点に着目して，「到達動詞」（achievement verbs）と呼ぶこともあります。

1.5.　まとめ

ここまでずっと，様態動詞と結果動詞の違いについて見てきました。とりあえずこの段階では，何となく，表している意味の範囲が違う2種類の動詞があるのかな，と思っていただくくらいで十分

---

[6] この点については，第3章でもう一度説明します。

[7] この種の動詞には確かに，come「来る」（向こうからこちら），go「行く」（こちらから向こう），fall「落ちる」（上から下），rise「上がる」（下から上）のように方向を意味に含むものがあります。なので，有方向移動動詞と呼ばれてきたこともわからないではないのですが，そうでない動詞も含むので，やはり移動結果動詞と呼ぶほうがよいと思います。

14

です。端的に言うと，様態動詞は「する」動詞，結果動詞は「なる」動詞なのですが，これについては，後でもっと詳しく見ていきます。ここまでのところを最後に表にまとめておきましょう。

(17)

動詞の分類		動詞の例	どのように（様態）	どうなって（結果）
様態動詞 (manner verbs)	行為動詞	殴る，掃く，拭く，振る hit, sweep, wipe, shake	語の意味として指定 ＝語彙化	何も言っていない ＝未指定
	移動様態動詞	歩く，走る walk, run		
結果動詞 (result verbs)	状態変化動詞	殺す，壊す，開ける kill, break, open	何も言っていない ＝未指定	語の意味として指定 ＝語彙化
	移動結果動詞	着く，入る，落ちる arrive, enter, fall		

　最後に，これまで見てきたことを復習するつもりで，実際の日本語小説に見られる様態動詞と結果動詞の使い分けを見てみましょう。

(18) a. 「女房を殺したことは認めるのか」
「はい」
「どうやって殺した？」
「……両手で……首を絞めました」

(横山秀夫『半落ち』: 91)

b. 「一人の少年が入院してきました。十六歳の彼は傷害致死で入ってきました。同級生たちと集団で一人のクラスメートを殴ったりしているうちに死なせてしまったんです」

(薬丸岳『天使のナイフ』: 322)

（18a）では，下線部で日本語の結果動詞「殺す」が使われています。そのため，取り調べをしている刑事がそれを聞いただけでは，「女房が死んだ状態になる」という結果だけしかわかりません。つまり，どのようにしてそうなったのかという様態は，不明のままです。そのため，刑事は続けて，「どうやって殺した」と様態を尋ねる表現を使い，犯人がそれに対して，首を「絞める」という様態動詞を使って答えているのです。なぜこのような追加の質問が生じたのかというと，「殺す」という結果動詞が，様態を指定していないからだということになります。

一方，（18b）では，下線部で「殴る」という様態動詞が使われています。ここで仮に，「同級生たちと集団で一人のクラスメートを殴ったんです」とだけ言ったとすれば，「殴る」という様態動詞は，それによって生じる結果を語彙的に指定していないので，殴られた相手がどうなったのか（ぴんぴんしていたのか，軽傷で済んだのか，重傷を負ったのか，死んだのかといった結果状態）が不明のままになります。そのため，「殴ったりしているうちに死なせてしまった」と，結果動詞「死なせる」（これは「殺す」の類義語で，やはり結果動詞です）を使って発言を続けているのです。

さて，Rappaport Hovav and Levin (1998, 2010), Levin and Rappaport Hovav (2013), Levin (1999, 2000) といった事象スキーマを用いた語彙意味論は，もともと英語の動詞を分析するところから出発しています。したがって，今後はなるべく英語の例を使って説明をしていきたいと思います。それでは同じような例を，英語の小説からも見ておきましょう。(19) では，(18a) で使われていた日本語の動詞「殺す」に相当する英語の動詞 kill が使われています。

(19)　"She was the one who agreed to kill them," he said. "That's why Raffy worked her into Sunhaven. For that precise purpose.　She *killed* them all."

16

"*Killed* them how?" Carver asked.

"I honestly don't know."

(John Lutz, *Kiss*: 232)

（「彼女は彼らを殺すことに同意したのさ。だからこそ，ラフィは
彼女を老人ホームのサンヘイヴンにもぐり込ませたんだ。まさに
そういう目的でね。みんな彼女が<u>殺した</u>のさ」「どうやって殺した
んだ」と，カーヴァーが尋ねた。「本当に知らない」）

(18a) と同じように，(19) でも She *killed* them all. （彼女が全員殺
した）と言っていますが，この発言を聞いただけでは，動詞 kill が
結果動詞（状態変化動詞）で様態を指定していないため，どのよう
に殺したのかという殺害の様態が不明です。そのためこれを聞いた
カーヴァーは，"*Killed* them how?"（どうやって殺したんだ）（これは
やや崩れた口語的な英語で，ふつうに言うなら "How did she kill
them?" となります）と尋ねています。なぜこのような追加の質問
をしたかというと，やはり kill という結果動詞が，様態を指定し
ていないからだということになります。

　次に，(18b) で使われていた日本語の動詞「殴る」に相当する，
英語の動詞 hit がどう使われているのかを見ていきましょう。

(20)　The glass flew against his chest, staining his suit and shirt
with the red wine. He looked down at himself, then back
at her, a violent anger leaping into his eyes. "Bitch!" he
cried, *hitting* her in the face.
She fell to the floor.

(Harold Robbins, *The Pirate*: 386)

（吹っ飛んだグラスが彼の胸にぶつかり，スーツとシャツに赤いワ
インがかかった。彼は自分の胸元へ目をやってから，彼女に視線
を戻した。激しい怒りが彼の目に現れた。「このクソ女め！」と叫
んだ彼は彼女の顔を<u>殴った</u>。彼女は床に倒れた）

(20) は彼女が彼と口げんかをしている場面です。ワインをスーツとシャツにこぼされた彼が激昂して，彼女の顔を殴ったことが，"Bitch!" he cried, *hitting* her in the face.（「このクソ女め！」と叫んだ彼は彼女の顔を殴った）という部分で動詞 hit を使って表現されています。ただし，ここまでを読んだだけでは，様態動詞 hit が生じる結果を語彙的に指定していないので，殴られた相手がどうなったのか不明のままです。そのため作者は，殴られた彼女に生じた結果を She fell to the floor.（彼女は床に倒れた）と続けて表現しているのです。

　どうでしょう。(18)–(20) で見てきたように，実際の小説でこのように様態動詞・結果動詞がそれぞれ，必要な情報を伝えるために，必然的な位置に配置されているのを目にすると，何か面白い（⁉）と思いませんか。

　次章以下では，このような動詞の分類をさらに詳しく見ていきます。

第2章 動詞の意味を割り算する！

2.1. はじめに

　第1章では，英語や日本語の動作動詞（dynamic verbs）が，様態動詞（manner verbs）と結果動詞（result verbs）に分けられることを見てきました。ここからはしばらく，状態変化動詞（verbs of change of state）に注目してみたいと思います。以下ではまず2節で状態変化動詞である英語の動詞 kill と open を比較していき，これらの意味的な共通点と違いに着目します。そこから3節で，動詞の意味には，さまざまな動詞に共通する意味的「公約数」のような部分と，それぞれの動詞にしか見られない固有の部分（いわば「公約数」による割り算の結果出た余り）があることを明らかにしていきます。4節と5節ではそれをどのように意味表示するのかを考えます。その後6節で様態動詞にも目を向け，同じような分析ができることを見ていきます。

2.2. 生成意味論の遺産

　状態変化動詞の意味が，「何かすることで，それが原因となって，対象がある状態になるという結果が生じる」という結果状態を含むものであることを最初に主張したのは，生成意味論（generative

semantics）という言語理論をやっていた James D. McCawley,
George Lakoff といった言語学者たちで，1960 年代のことでした。

たとえば，McCawley（1968）では，英語の動詞 kill が表面的に
は一つの動詞になっていても，意味的には複数の要素からできてお
り，x kill y が x cause y to become not alive のように分析できる
ことを次のように述べています。

(1)　Kill can be resolved into components as cause to die:
　　 moreover, at least one of those components, namely die,
　　 is itself semantically complex, meaning 'cease to be
　　 alive', i.e. 'become not alive'.　　(McCawley (1968: 73))
　　 (kill は cause to die のような構成要素に分解することができる。
　　 さらに，これら構成要素の一つである die に関しては，それ自体
　　 が複合的な意味をもち，「生きていなくなる」つまり「生きていな
　　 い状態になる」という意味である)

これを示すために，McCawley は樹形図（tree diagram）と呼ばれ
る意味の階層構造を図解する仕組みを用いて，kill の意味を次のよ
うに分析しています。

(2)
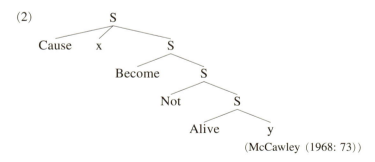

(McCawley (1968: 73))

生成意味論という理論自体は今では用いられていない理論なので，
この図で S が何を表すのかといった問題については触れずにおき
ます。ここで問題になるのは，x kill y が x cause y to become

not alive と分解されているということです。そこからさらにわか
るのは，x kill y の意味構造の中には，y to become not alive つま
り y die がその一部として含まれているということなのです。これ
をもっと平たく言うと，x kill y（x が y を殺す）ということが起こ
れば，必ずその一部である y to become not alive（y が死んだ状態に
なる）ということも起こるということです。これは次のように言え
ないことからもわかります。

  (3) *John killed Mary, but she didn't die.
       （*ジョンはメアリーを殺したが，メアリーは死ななかった）

つまり killed（殺した）と言えば，その意味の一部に含まれている
dead（＝not alive）（死んだ）という結果状態も必ず生じるというこ
とです。したがって，英語の動詞 kill や日本語の動詞「殺す」は，
「死んでいる」という結果状態への変化を意味に含む結果動詞なの
です。このように，何らかの結果状態を含んでいるということが，
第1章で見てきた結果動詞の大きな特徴でした。

  次に，英語の動詞 open に関して Lakoff（1968）が言っている
ことを見ていきます。Lakoff は（4a）の意味を（4b）のように言い
換えて説明することができることから，この二つは同じ意味構造か
ら形を変えて作られたと言っていました。[1] ここで，他動詞の open
を含む文 Harry opened the door. を自動詞の open を含む the door
to open という形に言い換えるのに，McCawley の場合と同じよう
に cause が使われているのに注目してください。

---

  [1] この二つの文は，実はまったく同じ意味を表すわけではありません。ふつう
（4a）のような文が直接ドアを開けたことを表すのに対して，（4b）のような文は，
間接的な手段でドアが開くようにしたことを表します。ただ，そういった違いを
捨象して，ドアが開くという結果を引き起こしたというレベルで見ると，これら
の文は同じことを表していることになるので，同じ意味構造をもつと Lakoff は
考えていたのです。

(4) a. Harry opened the door.

　　　 （ハリーはドアを開けた）

　　b. Harry caused the door to open.

　　　 （ハリーはドアが開くことを引き起こした）

(Lakoff (1968: 12))

さらに，自動詞の open を含む文 (5a) も (5b) のように言い換え
て説明することができるので，この二つも同じ意味構造から形を変
えて作られたとしていました。ここでもやはり，自動詞の open を
含む文 The door opened. が形容詞 open を含む The door became
open. という文と結びつけられ，become が登場していることに注
目してみましょう。

(5) a. The door opened. （ドアが開いた）

　　b. The door became open. （ドアが開いている状態になった）

(Lakoff (1968: 2))

ここで Lakoff が言っているのは結局，x open y というのをずっと
意味的に分析していくと，x cause y to become open という形へ
と分解できるということなのです。これは McCawley が x kill y
に関して言っていたのと実は同じことです。したがって，英語の動
詞 open や日本語の動詞「開く」も，英語の動詞 kill や日本語の動
詞「殺す」と同じく結果動詞で，「開いている」という結果状態を意
味に含むということになります。

　第1章で見たように，結果動詞である kill（殺す）は，どのよう
にするのか（様態）に関して未指定でした。open（開く）も結果動
詞である以上，同じように様態が未指定になるはずです。これは，
次のような文が言えることで証明できます。

(6) How do you open the player to put a CD in?

　　　 （プレーヤーをどうやって開けて CD を中に入れるのですか）

（『新編英和活用大辞典』CD, compact disc n. の項目）

22

おそらく説明書には，"Open the player and put a CD in." のように書いてあったのでしょう。でも，動詞 open は何かすることで「あいている状態」という結果を生じさせることしか語彙化していないので，どのように開ければよいのか，つまり開ける際の決まった様態がわからず，知っている人に尋ねているのですね。このような言い方ができることから，やはり結果動詞 open「開く」も様態が未指定であることがわかります。

2.3. 語彙分解と 2 種類の意味構成要素

さて，ここまで見てきたのは，英語の結果動詞である kill と open がどちらも，cause to become ... という cause と become を含む形を使って意味説明できるということです。同じことを日本語で言うと，「... になることを引き起こす」「... になるようにする」のようになります。このような意味分析の手法は，昔から語彙分解（lexical decomposition）と呼ばれてきました。ここで注目したいのはこの二つの動詞の意味に対する語彙分解の仕方です。これは，日本語による語彙分解も一緒に示す形で以下のようにまとめられます。

(7) a.　x kill y = x cause y to become **dead**[2]
　　　「x が y を殺す」
　　　=「y が〈**死んでいる状態**〉になることを x が引き起こす」
　　　　or「x が y を〈**死んでいる状態**〉になるようにする」
　　b.　x open y = x cause y to become **open**
　　　「x が y を開く」
　　　=「y が〈**開いている状態**〉になることを x が引き起こす」
　　　　or「x が y を〈**開いている状態**〉になるようにする」

---

[2] ここでは，open と同じように一語の形容詞にするため，not alive を dead に変えてあります。

　これを見て何か気づくことはないでしょうか？　そうです，実は太
字にして下線を引いた部分以外では，二つの動詞の語彙分解による
意味表示はまったく同じなのです。ということは，逆に言うと，x
cause y to become という部分は，これら二つの動詞の意味的な共
通部分，つまり数学の比喩を使うと意味的な公約数だということに
なります。一方，太字で下線を引いてある部分は，これらの動詞を
区別する意味要素だということになります。

　このように，動詞の意味を構成する要素の中に，数学で言う公約
数みたいにいろいろな動詞に共通して見られる要素と，公約数に
よって割り算したときの余りのようにそれぞれの動詞にだけ見られ
る要素の 2 種類があるということは，今日の語彙意味論で共通の
理解になっています。そのことを Rappaport Hovav and Levin は
次のように述べています。

(8)　Much recent work in lexical semantics either implicitly or
　　explicitly recognizes a distinction between two aspects of
　　verb meaning, which we term the "structural" and the
　　"idiosyncratic." This distinction is also central to our the-
　　ory of the representation of verb meaning.

　　　　　　　　　　　　　(Rappaport Hovav and Levin (1998: 106))
　　(最近の語彙意味論研究の多くが，暗黙のうちであれ明言する形で
　　あれ認めているように，動詞の意味に関しては二つの側面が区別
　　される。我々はそれを「構造的」(structural)，「語彙固有の」(id-
　　iosyncratic) と呼ぶ。この区別は，動詞の意味表示に関する我々の
　　理論にとって中核をなすものでもある)

　いろいろな動詞に共通して見られる要素は，動詞のもつ意味の構
造において骨組みのようなはたらきをしており，同じ骨組みをもつ
動詞は，同じ意味グループの動詞だということになります。具体的
に言うと，x cause y to become ... という意味の骨組みを共通して
もつ動詞はすべて，「y が ... になることを x が引き起こす」「x が

yを ... になるようにする」という意味を表すことになるので，（使役的）状態変化動詞という一つの意味グループに属すことになるということです。このように意味の骨組み，大まかな意味構造を決めるという意味で，Rappaport Hovav and Levin はこれを構造的（structural）と呼んでいるのです。

　一方，個々の動詞にだけ見られる意味要素は，同じ動詞グループ（たとえば，同じ状態変化動詞）に属する動詞同士（たとえば kill と open）を区別する役割を果たします。つまり，kill と open は，「y が ... になることを x が引き起こす」「x が y を ... になるようにする」というところまでは同じ（構造的）意味をもち，同じ状態変化動詞というグループに入るのですが，... の部分が kill の場合「死んでいるという状態」，open の場合「開いているという状態」であるために，この二つの動詞は違う動詞だということになります。この「...」に相当する部分を，Rappaport Hovav and Levin は idiosyncratic という難しい形容詞を使って呼んでいます。ぱっと見よくわからない単語だと思うかもしれませんが，idiosyncratic をシソーラス（類語辞典）などで引くと individual とか distinctive と出てくることからもわかるように，この形容詞は，「個々の語がもっていて，その語を他の語と区別するはたらきをするような」という意味で使われています。この本では簡潔に「語彙固有の」と訳しておきます。

　以上のような二つの意味要素の性質について，Rappaport Hovav and Levin は先ほどの続きの部分で次のように述べています。

(9)　The structural part of a verb's meaning is that part which is relevant to determining the semantic classes of verbs that are grammatically relevant, while the idiosyncratic part of a verb's meaning distinguishes that verb from other members of the same class.

(Rappaport Hovav and Levin (1998: 106))

（動詞の意味のうち構造的部分というのは，動詞の意味クラスを決定するのに関連のある部分であり，この意味クラスは文法的な関連がある。[3] 一方，動詞の意味のうち語彙固有の部分というのは，動詞を同じクラスに含まれる別の動詞から区別するものである）

これを踏まえてもう一度まとめておきましょう。状態変化動詞（結果動詞）kill と open の意味のうち，構造的部分というのは「y が … になることを x が引き起こす」「x が y を … になるようにする」という部分で，これによって kill と open が状態変化動詞というグループだということが決まります。一方，語彙固有の部分というのは，kill と同じ状態変化動詞というクラス，つまりグループに含まれる open から区別する意味要素なので，kill の場合「死んでいるという状態」，open の場合「開いているという状態」だということになります。

2.4.　2 種類の意味構成要素をどう表示するか

　さて，ここまでのところで，動詞の意味には，他の動詞と共通する部分（構造的部分）と，それぞれの動詞ごとに違う部分（語彙固有の部分）の 2 種類があることを見てきました。では，これをわかりやすく表示するにはどうしたらいいのでしょうか。Rappaport Hovav and Levin では，さまざまな動詞に共通する構造的部分をふつうの大文字で書いた動詞（つまり CAUSE や BECOME のような形）で表し，語彙固有の部分は< >にその語彙をイタリック体で入れる形で表しています。たとえば，英語の動詞 open や dry のように形容詞と動詞が同じ形のものなら，Levin and Rappaport

---

　[3] 文法的な関連があるというのは，簡単に言うとどのような構文で使えるのかといったことです。

Hovav (2005: 71) で示されている次のようなものになります。[4]

(10) a. [[x ACT] CAUSE [BECOME [y <*OPEN*>]]]
        〔x が y を「〈開いている状態〉になるようにする」動詞〕[5]
      b. [[x ACT] CAUSE [BECOME [y <*DRY*>]]]
        〔x が y を「〈乾いている状態〉になるようにする」動詞〕
                    (cf. Rappaport Hovav and Levin (1998: 109, 2010: 24))

このような表記のうち，ACT，CAUSE，BECOME の部分は動詞
の意味を構成する基本的な述語だと考えられるので，Rappaport
Hovav and Levin は「基本述語」(primitive predicate) と呼んでい
ます。一方，< > に入れた部分ですが，かつては「定項」(con-
stant) と呼んでいました。なぜ定項かというと，述語が取っている
要素（これを項と呼びます）のうち値が定まっていて変わらないも
のだからです。ここまでのところを，Rappaport Hovav and Levin
(1998) がどう説明しているのか見ておきましょう。

(11) A predicate decomposition is made up of two major types
      of components, primitive predicates and what have been

---

[4] ここでは Levin and Rappaport Hovav (2005) の意味表示を，(y の位置に
関して) Rappaport Hovav and Levin (1998, 2010) の形式に合わせる形で修正
してあります。また，kill をこのような仕組みでどう表示するかですが，Rap-
paport Hovav and Levin (1998) が break に関して行っている意味表示の例に従
うと，kill は次のようになります。

    (i) [[x ACT] CAUSE [BECOME [y <*KILLED*>]]]
ここで <*DEAD*> や <*DIED*> になっていない点に注意してください。昔の生成
意味論では，ある単語の意味表示の中に別の単語をふつうに入れていたのです
が，今日の語彙意味論では，基本的に別の単語をある単語の語彙固有の意味を表
す部分に入れることはありません。これは第 6 章で詳しく見るように，意味表
示の中核である語根がまさにその動詞の名前であるという考え方があるからです。
[5] Rappaport Hovav and Levin の意味表示はすべて英語で，わかりにくい人も
いるかもしれないので，この本では適宜，〔 〕でくくった日本語による表示も
示しておきます。

called "constants."　Specific combinations of primitive predicates represent the structural aspect of verb meaning, while the constants represent the idiosyncratic element of meaning.　　　　　　(Rappaport Hovav and Levin (1998: 106))

（述語分解を形作っているのは，二つの主要な型の構成要素，つまり基本述語と，「定項」と呼ばれてきたものである。基本述語の特定の組み合わせが動詞の意味のうち構造的な部分を表示し，定項が意味のうち語彙固有の要素を表示する）

さらに，Rappaport Hovav and Levin (1998: 107) では，動詞の意味の骨組みに当たる（構造的な）部分を表す基本述語の組み合わせ（(10) で言うと [[x ACT] CAUSE [BECOME [y <...>]]] という型）を，語彙固有の意味による肉付けの元になる型のようなものだということで，「事象構造鋳型」（event structure template）と呼びました。そして，この鋳型が「定項」という具体的中身を組み込むことで肉付けされるというわけです。

　ところが，Rappaport Hovav and Levin (2010) 以降の枠組みでは，二つの大きな用語変更が生じています。用語について書いてある部分をまず読んでみましょう。

(12)　... we adopt the distinction between an idiosyncratic component of verb meaning, often called the 'root', and a structural component representing an event type, which we refer to as an 'event schema'.

　　　　　　　　　　　　(Rappaport Hovav and Levin (2010: 23))

（我々が区別することにしたのは，動詞の意味のうち語彙固有の構成要素（これはよく「語根」と呼ばれる）と，事象タイプを表示する構造的な構成要素（これを我々は事象スキーマと呼ぶ）である）

　まず，「定項」（constant）と呼んでいた部分の呼び名が，Levin and Rappaport Hovav (2005) で「語根」（root）へと変更されまし

28

た。というのも，近年の語彙意味論では，語彙固有の意味自体を，語のもとになる部分，つまり「語根」だと見なす考え方が主流になってきているからです。そこで，「一般に認められている用語」(the accepted term)（Levin and Rappaport Hovav (2005: 71)）である「語根」を用いることにしたとのことです。

さらに，基本述語の組み合わせ（事象構造鋳型）は，いろいろな動詞の公約数的な部分であり，具体的な動詞の意味を抽象化・構造化して得られる知識形態に相当します。今日の認知言語学では，このようなものを事象スキーマ（event schema）と呼ぶため，Rappaport Hovav and Levin (2010) ではこの言い方を採用したようです。[6]

この本の以下の部分では，意味の構造的部分を表す事象スキーマ（基本述語の組み合わせ）という鋳型に意味の語彙固有の部分を表す語根を組み込んでできた意味表示を使って動詞の意味を分析しますので，少しずつこのような表記に慣れていってください。以下では，このような意味表示に関して，基本的なところからさらに詳しく説明していきます。なお，用語に関しては Rappaport Hovav and Levin (2010) 以降のものを使用します。

---

[6] 認知言語学における「事象［事態，イベント］スキーマ（event schema）の定義としては，辻（編）(2013: 8) に次のように書いてあります。

(i) スキーマとは，経験を抽象化・構造化して得られる知識形態のことで，思考活動のもとになる知識の鋳型あるいは規範の形で蓄えられている。イベント，すなわち事態を解釈するときにおいても，われわれはスキーマを活用して，できるだけ合理的で効果的な理解と伝達の方略を取り入れている。イベント・スキーマは，事態の解釈の認知的な型のことであり，構文に代表されるような一定の表現型を動機づけている。

ここに出てくる「知識の鋳型」「事態の解釈の認知的な型」という用語からも，事象スキーマが事象構造鋳型と同じようなものを指すことがわかるのではないかと思います。

2.5.　状態変化動詞の事象スキーマ

　さて，ここからは open, break, kill, dry という特定の英語の
動詞（あるいはそれに相当する特定の日本語の動詞「開く」「開け
る」「壊す」「殺す」「乾かす」）に当てはまる意味表示ではなく，英
語と日本語の状態変化動詞すべてに当てはまるような事象スキーマ
を提示してみたいと思います。最終的な意味表示では，< > の中
に「開いた状態」「壊れた状態」「殺されて死んだ状態」「乾いた状
態」など語彙固有の結果状態を表す <OPEN>，<BROKEN>，
<KILLED>，<DRY> といった語根が入るのですが，事象スキー
マのレベルでは指定のない抽象的なスキーマなので，すべての状態
を代表させて <STATE> としておきます。これによって状態変化
動詞の事象スキーマを表示すると，次のようになります。

(13)　[[x ACT] CAUSE [BECOME [y <STATE>]]]
　　　〔x が y を「... になるようにする」動詞〕

(Rappaport Hovav and Levin (1998: 109))

第 1 章で見たように，状態変化動詞（つまり「... になるようにす
る」動詞）というのは結果動詞でした。つまり，どのようにしたか
という様態は語彙的に未指定で，どのような結果状態になったかと
いう部分を動詞が語彙化しているのでした（なお，結果を動詞が指
定しているということは，日本語で意味を言い換えた場合に，語彙
固有の意味に当たる「...」が，「... になるようにする」と「になる」
にくっついていることからもわかります）。この事象スキーマは，
それを端的に表しているのです。以下ではそれを，第 1 章でも例
に挙げた open the door を例にとって確認してみましょう。

　open the door （ドアを開く）は，第 1 章でも見たように，何かの
方法でドアを開いた状態にするという意味を表します。この場合，
open が語彙的に指定しているのは開いた状態という結果だけで
あって，どのような方法でそのような結果を生じさせたのか，つま

り「開けた」様態については未指定なのです。では，このことが事象スキーマとそれに基づく意味表示ではどのように表されているのでしょうか。

　語彙的に指定している（つまり語彙化している）部分，つまり「… になることを引き起こす」「… になるようにする」で「…」に相当する部分というのは，まさにその語の意味そのものなので，動詞の意味のうち＜　＞によって表される語彙固有の部分に相当します。動詞 open「開く」の場合，(13) の状態変化動詞の事象スキーマのうち ＜STATE＞ の部分を，その語彙固有の意味が指定していることになるので，＜STATE＞ の部分が具体的に指定されて ＜OPEN＞ になった意味表示で表されていたのです。

(14)　[[x ACT] CAUSE [BECOME [y ＜OPEN＞]]]　(= (10a))

さて，ふつうの英語では He became sick.（彼は病気になった）のように言った場合，動詞 became が「… になった」，後に続く形容詞（つまり学校文法で言う補語，SVC の C）の sick がどうなったのか（つまり「…」の部分）を表します。BECOME 述語というのは，この英語の動詞 become を，そのまま事象スキーマや意味表示の構成要素として使っているものなので，同じような読み方をします。[7] したがって，BECOME はどうなるのかという「結果」(result) を表す述語ということになり，その後に置かれた ＜OPEN＞ などの ＜STATE＞ は，He became sick. の sick と同じように，「… になる」の「…」，つまり結果として生じた具体的状態を指定することになります。動詞 open（開く）の場合，まさに語根（各動詞の語

---

　[7] なぜ意味表示内の基本述語として使う場合，全部大文字にして書くかというと，このように書くことで「英語の動詞 become のように文の表面に現れた動詞とは違って，open や kill の意味の中に含まれると意味分析上仮定しているだけの，表面的な文構造には出て来ない要素なんだよ」ということを，明確にするためです。このように言語を分析・説明するのに用いる特別な表記をした言語のことを，専門的には「メタ言語」(metalanguage) と言います。

彙化している語彙固有の意味）である *<OPEN>* が，結果を表す
BECOME の後に入っているということによって，この動詞が語彙
的に指定しているのは結果だということが示されているのです。

2.6.　様態動詞の事象スキーマ

　ここまでのところでは，状態変化動詞（結果動詞）である kill と
open に着目し，これらの意味的共通点と差異を吟味しながら，動
詞の意味に構造的部分と語彙固有の部分があることを見てきまし
た。同じような見方というのは様態動詞にもできるのでしょうか。
実はできます。そして，様態動詞の事象スキーマは，結果動詞とは
まったく違ったものになるのです。以下ではそれを考えて行きま
しょう。

　第1章の2節で，様態動詞（行為動詞）の例として，英語の動詞
sweep（掃く）を取り上げました。さらに，第1章の3節で Levin
and Rappaport Hovav (2013) が，同じような動詞の例として
wipe（拭く）も挙げていることを見ました。そこで，以下では
sweep the floor（床を掃く）と wipe the floor（床を拭く）について少
し考えていきたいと思います。[8] これらはいずれも，行為の様態を
表していて，行為の結果どうなるかは語彙的に未指定です。確か
に，掃いたり拭いたりする場合その場所をきれいにすることが目的
なのですが，それが結果的に達成されるかどうかはこれらの動詞を
含む表現を聞いただけではわかりません。だから，次の例のよう
に，きれいにならなかったと言っても，何ら矛盾することはないの

---

　[8]　実は，英語の動詞 sweep と wipe というのは，Levin and Rappaport Hovav
(1991) 以来，「表面接触動詞」（verbs of surface contact through motion）と呼
ばれてきたグループの動詞で，様態動詞（行為動詞）の代表的なグループの一つ
です。これらの動詞に関するもっとさまざまな特徴を知りたい場合，この論文を
参照してください。

です。

(15) a. Tracy just swept the floor, but there are still crumbs on it.

（トレーシーが床を掃いたばかりだが，床の上にまだパンくずが残っている）

(Rappaport Hovav and Levin (1998: 101))

b. Though he had wiped the floor, there was still some dust caught between planks.

（彼が床を拭いたにもかかわらず，床板の継ぎ目にほこりが残っていた）

(http://thequietus.com/articles/17579-verfreundungseffekt-jen-calleja-tsou-yung-shan-waiting-room-translation)

このような言い方ができることによって，英語の動詞 sweep も wipe も共通して，結果を語彙的に指定していないことが確認できました。以下では，これらの動詞の意味的な違いである様態について，結果動詞の場合と同じように考えていきます。

第 1 章で見たように，英語の様態動詞 sweep（掃く）は，ほうきやブラシである場所をなでるようにすることを語彙化しています。一方，英語の様態動詞 wipe（拭く）は，布や紙である場所をこするようにすることを語彙化しています。したがって，これらはどちらも，日本語で「... ようにする」と言い換えて説明できるような意味をもっているということになります。結果動詞の場合と同じように，英語で共通の意味をくくりだして説明すると，おそらく act ...ly や do something in a ... manner のようになるでしょう。これもやはり語彙分解による分析です（このように分析することで，さらに面白いことがわかります。表面的には，結果動詞 x kill y（x が y を殺す）も，様態動詞 x sweep y（x が y を掃く）も同じ形（つまり，x ... y，「x が y を ... する」という形）をしているのですが，結果動詞が x cause y to become ... と分析されるのに対して，様

態動詞は x do something to y in a ... manner のように分析される
ことから考えると，結果動詞と様態動詞は全然違う意味構造をして
いるということです）。

　この do something in a ... manner を使って言い換える形で，英
語の様態動詞である sweep と wipe を分析すると，次のようにな
ります。

(16)　a.　x sweep y = x do something to y in a **sweeping** manner[9]
　　　　　「x が y を掃く」
　　　　　　=「x が〈**掃くような**〉ことを y に対してする」
　　　b.　x wipe y = x do something to y in a **wiping** manner
　　　　　「x が y を拭く」
　　　　　　=「x が〈**拭くような**〉ことを y に対してする」

この場合も，上の結果動詞の場合と同じように，太字にして下線を
引いた部分以外では，二つの動詞 sweep と wipe の語彙分解によ
る意味表示はまったく同じです。つまり，x do something to y in
a ... manner（x が y に対して ... ようなことをする）という部分は，や
はりこれらの意味的な共通部分であり，太字で下線を引いてある部
分はこれらの動詞を区別する意味要素だということになります。

　なお，上の (15) では，英語の動詞 sweep と wipe に関して，共
に the floor を目的語とした例を挙げました。しかし，実際の使用
例を見てみると，sweep は確かにある場所を掃除するために「掃
く」場面を描写するのによく使われるのですが，wipe はむしろ，
人の体の一部から汗などを拭き取るために「拭く」場面で使われる
ことが多いです。これはやはり，これらの動詞の表す様態から，典

---

　[9] ここでは act を使うと自然な言い換えができないので，do something のほ
うを使っています。ただし，Rappaport Hovav and Levin の語彙意味論では一
貫して ACT 述語を使っているので，上で act という動詞を使った言い換えにも
言及しておきました。

型的に表面接触するものが違ってくるためだと考えられます。ただ
し，いずれの動詞も，様態を提示することが重要な（それによって
どのような結果が生じたのかはそれほど重視されていない）場面で
使われるという特徴をもっています。実際の小説からの例をここで
見ておきましょう。

　（17）の例では，フィッチの店に雇われているジャクソンという
人物が，仕事で朝に店の前を掃除している状況が描かれています。

(17)　Jackson began *sweeping* the wooden walk in front of
　　　Fitch's store at seven o'clock that morning.

　　　　　　　　　(Harold Robbins, *Memories of Another Day*: 188)
　　　（ジャクソンがフィッチの店の前にある板張りの歩道を掃き始めた
　　　のは，その朝の 7 時であった）

ここでは掃除の方法がほうきやブラシで掃くという様態によるもの
であったことが読み取れます。ただ，動詞 sweep（掃く）は様態動
詞であり，「ほうきやブラシでなでるように」という様態のみを語
彙化しており結果は未指定です。そのため，きれいになるという結
果が生じたかどうかはわかりません。おそらく，ジャクソンは仕事
だから仕方なく店の前を掃いているだけで，本気できれいにしよう
とはしていないし，きれいになったかどうかということは，この小
説の本筋には関係がありません。つまり結果は問題になっていなく
て，そういう様態の行為をすることだけが重要なのです。そのよう
な描写をしたいので，結果動詞 clean（きれいにする）ではなく，様
態動詞 sweep が使われたのだと考えられます。

　次の（18）は，熱中症で気分の悪くなった自分の姉を he が介抱
している場面です。

(18)　He pulled a small kerchief from his pack. Moistening it,
　　　he pressed it to her forehead and gently *wiped* her face.

　　　　　　　　　(Harold Robbins, *Memories of Another Day*: 67)

　　（彼は小さなハンカチを袋から引っぱり出した。それを湿らせると，
　　彼女の額に押し当て，優しく彼女の顔を<u>拭いた</u>）

この例では，様態動詞の wipe（拭く）が使われて，「布や紙でこす
るように」という様態のみを語彙化しています。ここでは直前の文
でハンカチを引っぱり出したとあるので，布に相当するのはこのハ
ンカチです。やはり結果は未指定なので，顔の汚れや汗が全部取れ
たかどうかはわかりません。ただ，ここではハンカチで顔を拭くと
いう行為そのものが介抱の一部だと考えられます。つまりここで
も，姉の具合が悪いのが少しでもましになるように，介抱の一部を
なすような様態の行為をすることが重要なのです。姉の顔に汚れや
汗が残っていないという結果を達成することはそれほど重視されて
いません。そのため，結果動詞 clean や dry[10] ではなく様態動詞
wipe で記述されているのでしょう。

　さて，今度は話をこれらの動詞の意味表示へと進めます。Rap-
paport Hovav and Levin による語彙意味論では，上の act や do
something に相当する部分を ACT という基本述語で表しているの
で，それについて見ていきましょう。[11]

　この場合も，ふつうの英語でまず考えます。He acted strangely.
（彼は奇妙なふるまいをした）のように言った場合，動詞 acted が「...

---

　[10] 結果動詞 dry の意味は，「乾いた状態にする」という結果だけしか語彙化し
ていないので，どのようにして乾いた状態にしたのかは未指定です。そのため，
ハンカチやタオルで水分を拭き取って乾いた状態にする場合にも実は使えます。
　　(i)　dry oneself (off) on [with] a towel　タオルで体をふく
　　　　　　　　　　　　　　　　　　　（『ジーニアス英和辞典』第 5 版，動詞 dry の項）
ここで dry を出したのは，そういう意味での dry を使わずに，wipe を使ったと
いうことを言いたかったからです。
　[11] DO (SOMETHING) を述語にしている生成意味論や語彙意味論の分析もあ
るのですが，ここでは Levin と Rappaport Hovav に従って ACT を使います。
この点については Rappaport Hovav and Levin (1998: 109) の注 9 や，Levin
and Rappaport Hovav (2005: 77) の注 7 でも言及されています。

なふるまいをした」つまり「... ように何かをした」という意味を表し，後に続く副詞的修飾語の strangely が，何かのやり方がどのようなものなのか（つまり「... ように」の部分），つまりその様態（manner）を表します。ACT は，この英語の動詞 act を大文字で書いて事象スキーマや意味表示の基本述語として使い回したものなので，行為を表す述語ということになり，その後に <MANNER> を置くと，He acted strangely. の strangely と同じように，どのようにその行為をしたのかという様態を表すことになります。そして，ここがちょっと重要なのですが，strangely が acted に対する修飾語であるのと同じように，<MANNER> もまた ACT 述語に対する修飾語だということになるので，修飾語であって主要素ではないことを明示するため，Rappaport Hovav and Levin の理論では下付き（つまりふつうの <MANNER> ではなく，小さく下に書いた $_{<MANNER>}$）で書いて，かかり先（被修飾語）の ACT にくっつける慣例になっています。

　以上のようなことに従って，結果動詞の（13）と同じように，様態動詞のすべてに共通する事象スキーマを示すと，とりあえず次のようになります。

（19）　[x ACT$_{<MANNER>}$]
　　　　〔x が「... する」動詞〕

　　　　　　　　　　　　　　（Rappaport Hovav and Levin (1998: 109, 2010: 24))

この事象スキーマの $_{<MANNER>}$ の部分に，動詞 sweep と wipe の語根である <SWEEP>，<WIPE> を入れると，次のような意味表示ができます。

（20）a.　[x ACT$_{<SWEEP>}$ y]^{12}
　　　　　〔x が y に対して「〈掃く様態で〉する」動詞〕

---

^{12} ここで y に下線が引いてあるのは，この y が語根項と呼ばれ，元から事象

(Rappaport Hovav and Levin (1998: 114), Levin (1999: 233))

b.　[x ACT$_{<WIPE>}$ y]
　　〔x が y に対して「〈拭く様態で〉する」動詞〕

　これによって，これらの動詞の意味に共通する構造的部分「... ようにする」の「する」が ACT によって表されます。一方，これらの動詞を同じ様態動詞というグループの中で区別する語彙固有の意味（すなわち「...」）は sweep の場合「ほうきやブラシでなでる」，wipe の場合「布や紙でこする」です。これらは，<SWEEP>，<WIPE> のような語根で表されるのですが，「ように」の部分によって示されている「修飾語になる」という特徴を示すために ACT に続く下付きの部分で表示されることになります。

　以上からわかるように，ACT は「行為」（activity）を表す述語で，その様態はそれを修飾する要素として位置づけられます。動詞 sweep（掃く）や wipe（拭く）の場合，まさに語根（各動詞の語彙化している語彙固有の意味）が，行為を表す ACT に下付きでくっつけられているということによって，この動詞が語彙的に指定しているのは，結果ではなく様態のほうだということが示されています。

2.7.　まとめ

　以上で，結果動詞である状態変化動詞と様態動詞である行為動詞が Rappaport Hovav and Levin の理論でどのように分析されているのかを見てきました。もう一度これまで挙げてきた事象スキーマとそこへ語根が入るさまを図解してみましょう。それぞれどの部分で動詞の意味の構造的部分（他の動詞にも見られる動詞の意味の

スキーマに含まれていた構造項 x とは違って，ある種の帳尻合わせ（reconciliation）のために追加された項だということを示すためです。これに関しては，第3章の5節と第4章の2節で詳しく説明します。

38

「公約数」）と，語彙固有の部分（おなじ構造的意味をもつ動詞を区別する部分）が表されているのかを図示すると次のようになります。

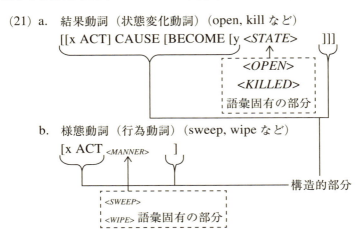

(21) a.　結果動詞（状態変化動詞）（open, kill など）
　　　　[[x ACT] CAUSE [BECOME [y *\<STATE\>*　　]]]

\<OPEN\>
\<KILLED\>
語彙固有の部分

　　 b.　様態動詞（行為動詞）（sweep, wipe など）
　　　　[x ACT *\<MANNER\>*　]

構造的部分

\<SWEEP\>
\<WIPE\> 語彙固有の部分

　では，動詞の意味表示の元になる事象スキーマというのは，この2種類しかないのでしょうか。そもそも x や y というのは，どういう場合に出てくるのでしょうか。これまでは特に触れてきませんでしたが，実は x や y や，そのうち出てくる z は文の主語や目的語になる人や物・事を指しています。ということは，x や y だけしかなければ自動詞，x と y，あるいは y と z があれば他動詞ということになります。これまでこの章で意味表示を見てきた動詞は全部 x と y 両方を含んでいましたから，他動詞ばかりでした。ところが，第 1 章で出てきた移動動詞の run（走る），walk（歩く），arrive（着く）などはすべて自動詞です。これらの意味表示はどんなものなのでしょうか。

　結論を先取りして言うと，実は状態動詞も含めると，事象スキーマは（なんと！）4 種類もあり，そこからできる意味表示のパターンが全部で 7 種類あるのです。これらに関して，次章以下では少しずつ見ていきたいと思います。

第3章　参与者は動詞が描く場面の登場人物だ！

3.1.　はじめに

　第2章では動詞の意味に構造的部分・語彙固有の部分があることを，状態変化動詞と様態動詞（行為動詞）に着目して見てきました。そして，構造的部分を表す事象スキーマに，語彙固有の部分を表す語根をいわば埋め込むことで，各動詞の意味表示ができることを学びました。ただし，第2章で見てきた動詞はどれも他動詞でした。この章では，一般に自動詞である移動動詞に注目し，移動様態動詞と移動結果動詞（有方向移動動詞）が，これまで見てきた仕組みによってどのように分析できるのかを見ていきます。

3.2.　動詞の参与者と項の数

　第2章で意味表示を見てきた結果動詞（状態変化動詞，「... になるようにする」動詞）の open（開く）や様態動詞（行為動詞，「... する」動詞）の sweep（掃く）はいずれも，主語と目的語によって表される二つの人・物・事が登場する意味を表す動詞でした。具体的にもう一度見ておくと，John opened the door.（ジョンがドアを開いた）には John という人と the door という物の二つが出てきます。Tracy swept the floor.（トレーシーが床を掃いた）でも，Tracy とい

う人と the floor という掃く表面を表す物の二つが登場します。このように，動詞が描き出す場面に登場する人・物・事のことを，語彙意味論ではその場面に「参加する」（participate in）ものであるという意味で参与者（participant）と呼びます。そして，このような情報は語彙固有の意味の一部をなしており，語根に含まれているものだと考えられます。したがって，open も sweep も，（結果動詞と様態動詞という違いはあるものの）二つの参与者を含む状況を，語彙固有の意味として語彙化しているということになります。

　さて，このように動詞が描き出す場面にいる参与者は，すべて（事象スキーマに語根を代入して作られる）動詞の意味表示の中で表示されていなければなりません。ここで，第2章で提示した動詞 open と sweep の意味表示をもう一度見てみましょう。

(1) a.　[[x ACT] CAUSE [BECOME [y <*OPEN*>]]]（＝第2章(14)）

　　　　〔x が y を「〈開いている状態〉になるようにする」動詞〕

　　b.　[x ACT$_{<SWEEP>}$ y]（＝第2章(20a)）

　　　　〔x が y に対して「〈掃く様態で〉する」動詞〕

ここで x や y というアルファベットは何を表しているのでしょうか。実は，(1a) が John opened the door. という文の意味表示だとすると，x が John，y が the door という参与者に対応しています。また，(1b) が Tracy swept the floor. という文の意味を表示している場合，x が Tracy，y が the floor という参与者に対応しています。[1] このように，動詞の意味表示の中で述語の前後に書かれ，参与者に対応する（つまり，その参与者を指し示す）要素のことを，項（argument）と呼びます。[2] 描き出す場面に二つの参与者を含む

---

[1] ここで y に下線が引かれている理由は第4章の2節で詳しく説明します。

[2] この項（argument）という用語は，もともと言語学者が哲学（特に述語計算 (predicate calculus)）から借用してきたものです。

動詞は，意味表示でもそれに対応する二つの項をもちます。その動詞を含む文を作る場合，項はその動詞の前後に現れる名詞（具体的には主語や目的語）によって中身が明示されます。

　ということは，今まで英語や日本語の文法で習ってきた他動詞というのは，主語と目的語という二つの名詞句を取る動詞のことなので，その動詞の意味表示にも，その二つの名詞句の元になる二つの項があることになります。そのため，いわゆる他動詞は2項動詞とも呼ばれます。

　さて，ここで移動動詞について少し考えてみましょう。人が run（走る），walk（歩く），arrive（着く）という状況が成立するために，上で見た open（開く）や sweep（掃く）のように二つの参与者が必要でしょうか。常識的に考えれば，一人で歩いたり，どこかへ着いたりすることができるので，一人の人間がいれば十分です。ということは，これらの移動動詞が描き出す場面に登場するのは「移動する人や物」という一つの参与者だけなのです。[3] もっと具体的に言うと，John walked.（ジョンは歩いた）だと，John という人だけが出てきますし，I arrived.（私は着いた）でも，登場するのは I（私）だけです。したがって，walk や arrive といった移動動詞は，（walk（歩く）が様態動詞（行為動詞，「... する」動詞），arrive（着く）が結果動詞（到達動詞，「... になる」動詞）という違いはあるものの[4]）一つの参与者を含む状況を，語彙固有の意味として語彙化しているということになります。

---

　[3] ここで We arrived.（私たちは着いた）のように主語が複数の場合，参与者は1人ではないんじゃないかと突っ込む人もいるかもしれませんが，意味論ではそう考えません。主語や目的語の位置に現れる要素が，複数形だったり and でつながれたいくつかの名詞だったりする場合，それらはひとまとまりの参与者だと見なすのです。

　[4] これらの動詞の意味の違いがどのようなものかピンとこない人は，第1章の4節で対応する日本語の動詞「歩く」「着く」の意味を考察したところを読み直してみてください。

　そこからさらに，これらの動詞の意味表示に出てくる項は，移動する人や物に対応する一つの項だけだということになります。そして，そのような一つの項しか含まない意味表示をもつ動詞を含んだ文を作る場合，その一つの項の中身が，その動詞の前に現れる主語名詞句によって指示されることになります。これがいわゆる英語や日本語の文法で習ってきた自動詞というやつなのですが，別の言い方をすれば1項動詞ということになります。

　以上で見てきたことを踏まえて，以下では移動動詞に関してRappaport Hovav and Levin (1998) が詳しく述べていることを見た上で，移動動詞の事象スキーマについて考えていきます。

3.3.　移動様態動詞の事象スキーマ

　Rappaport Hovav and Levin (1998) は，run（走る），skip（スキップする），jog（ジョギングする）のような移動様態動詞について，次のように説明しています。

(2)　Verbs of manner of motion such as *run, skip,* and *jog* are distinguished from each other with respect to the manner of motion each specifies; however, no achieved location (a kind of result) is entailed by such verbs unless an explicit goal phrase is added.

(Rappaport Hovav and Levin (1998: 101))

　　　(run, skip, jog のような移動様態動詞を互いに区別するのは，それぞれが指定している移動様態である。しかしながら，到達場所（という一種の結果）に関して，この種の動詞は何も含意していない。ただし，明示的な着点句が加えられている場合は別である[5]）

---

　[5] ここで Rappaport Hovav and Levin (1998) が着点句と呼んでいるのは，次の用例に見られるような to で始まる前置詞句のことです。

以下では，これらの動詞を区別するのが様態（どのようにするのか，つまり「... する」の「...」）であることを確認したあと，結果が未指定であることを実例で見ていきます。

　まず，英語の動詞 run と skip が英英辞典でどのように定義されているのか見てみましょう。*Oxford Advanced Learner's Dictionary* (9th edition) では，run が (3a)，skip が (3b) のように定義されています。

(3) a. to move <u>using your legs, going faster than when you walk</u>
　　　　（両脚を使って<u>歩くよりも速く</u>移動すること）

　　 b. to move <u>forwards lightly and quickly making a little jump with each step</u>
　　　　（一歩ごとに<u>小さくジャンプしながら軽やかにすばやく前方に</u>移動すること）

（*OALD*[9]，下線と日本語訳は筆者による）

これらのうち to move の部分は移動動詞であることを表しており，二つの動詞に共通しています。一方，下線を引いた部分がこれらの動詞それぞれが独自にもっている意味，つまり語彙固有の意味だと考えられます。

　一方 jog を同じ辞書では以下のように定義しています。

(i) He beat her face and chest until she collapsed on the stairs. Then he *ran to* the rear of the house, where he had parked his car.

(Olen Steinhauer, *The Bridge of Sighs*: 149)

　　（彼に顔と胸を殴られた彼女は階段に倒れ込んだ。その後彼は走って家の裏手に出たが，そこに彼の車が駐めてあったのだ）

このような場合，「足を交互にすばやく動かして」という様態を run が表していますが，さらに to the rear of the house という前置詞句が到着場所（という結果状態の一種）を表しています。このような文をどう分析するかについては，いろいろな考え方があるのですが，後の第7章で詳しく見ていきます。

(4) to run slowly and steadily for a long time, especially for
     exercise

    （ゆっくりと一定のペースで長時間走ること。特に運動のためにそ
    うすること）

(OALD[9]，日本語訳は筆者による)

そこから，jog は run の意味をさらに限定した動詞だということが
わかります。run の定義 (3a) を (4) の to run の部分に代入した
<u>to move using your legs, going faster than when you walk, slowly</u>
<u>and steadily for a long time, especially for exercise</u>（特に運動のた
めに，ゆっくりと一定のペースで長時間かけて，両脚を使って歩くよりも
速く移動すること）のようなものが，他の 2 語と並行的に捉えた場合
の jog の定義ということになるでしょう。

いずれにせよ，これらの動詞はすべて移動を表し，お互いを区別
しているのは下線で示したような，語彙化されている様態だという
ことがわかりました。

次に，結果が未指定だということを見ていきます。第 1 章の (13)
では日本語の動詞「歩く」を取り上げましたが，ここでは英語の動
詞 run（走る）が使われた例を見ていきます。(5) は，敵による拉致
から脱出した he が，再び捕まることを恐れながら走り続けている
場面です。

(5) The boots were small, tight in the toe. A blister was
     coming up on the heel. Another hour and his feet would
     be bleeding.
     Still, he *ran*.
     He *ran* because he was scared.

(Christopher Reich, The First Billion: 445)

    （ブーツは小さく，つま先の部分がきつかったし，水ぶくれがかか
    とにできかけていた。あと一時間もすれば，足から血が出ている
    だろう。それでも彼は<u>走った</u>。彼が<u>走った</u>のは，怖かったからだ）

緊迫感あふれる場面であり，彼が足の痛みにもかかわらず，必死で
足を交互にすばやく動かして移動する様子が描かれています。run
（走る）という動詞は，この「足を交互にすばやく動かして」という
様態を語彙化していますが，彼がその結果どういう状態になったの
かこの部分を読んだだけではわかりません。これは，run が移動様
態動詞であり，結果状態を語彙化していないからです。

　では，なぜこのような描写が行われているのでしょうか。ここで
は，彼が足の痛みを押して必死で走って逃げていることが描かれて
います。どのような結果状態になるのか（たとえば，どこへ到達す
るのか）はこの場面では重要ではなく，必死で走っている様態を作
者は特に描きたかったのだと考えられます。つまり第 2 章の（17）
（18）同様に，ここで重視されているのは結果ではなく様態だとい
うことなのです。

　なお，この到達場所という結果状態を語彙化しないことをもっと
極端な形で解釈すると，そもそも移動すらしていなくてもよいとい
うことになります。これを，Rappaport Hovav and Levin（1998:
101）は続けて次のように述べています。

(6)　For example, the sentence *Pat runs* simply states that Pat
　　is moving in a particular way. Typically, we assume that
　　Pat is also undergoing some displacement, but in the ab-
　　sence of a goal phrase this displacement need not be ori-
　　ented towards a particular goal, and in fact there need not
　　be any displacement at all (*Pat ran in place*).

　　　　　　　　　　　　(Rappaport Hovav and Levin (1998: 101))

　　（たとえば，Pat runs.（パットが走る）という文が述べているのは，
　　パットが特定のやり方で動いていることである。典型的に我々が
　　想定するのは，パットが位置変化もしているということだが，着
　　点句がない場合，このような位置変化が特定の着点に方向づけさ
　　れていなくてもよい。それに実を言うと，まったく位置変化がな

　　　　くてもよいのである（たとえば Pat ran in place.（パットは足踏み
　　　　ランニングをしていた）のように）[6]）

　つまり，「足踏みランニング」のように，一か所で「足を交互にす
ばやく動かして」いる場合，移動そのものがないと考えられますが，
この「足を交互にすばやく動かして」というのが，移動様態動詞
run の語彙化する様態と一致するため，このような言い方もできる
ようです。
　以上で見てきたような英語の動詞 run，およびそれに対応する日
本語の動詞「走る」の意味表示をここで提示しておきます。これら
の動詞は移動の様態のみを語彙化し，どこへ到達するかという結果
は未指定だという意味的な特徴をもつことから，第 2 章で見た動
詞 sweep や wipe と同じように以下の事象スキーマを元にした意
味表示をもつと考えられます。

　(7)　[x ACT$_{<MANNER>}$]（= 第 2 章 (19)）
　　　　〔x が「... する」動詞〕

　　　　　　　　　　　(Rappaport Hovav and Levin（1998: 109, 2010: 24））

この事象スキーマの $_{<MANNER>}$ の部分に語根 <RUN> を入れたもの
が動詞 run の意味表示になるわけです。
　ただし，run のような移動様態動詞の場合，参与者が一つである
ため意味表示内の項（x や y）も一つになるはずだということを考
え合わせると，次のような意味表示が想定できます。

　(8)　[x ACT$_{<RUN>}$]
　　　　　　　　　　　　(Levin（1999: 232），Demizu（2015: 93, 97, 162））
　　　　〔x が「〈走る様態で〉する」動詞〕

---

　[6] run in place という句は直訳すると「その場でずっと走る」になりますが，
このフレーズを Google に入れて動画検索をすると，家の中でダイエットのため
にやるような「足踏みランニング」に相当することがわかります。

第 2 章の (20) で見た動詞 sweep や wipe の意味表示と違うところは, 項が x のみである, つまり動詞 sweep や wipe の事象スキーマに含まれていた y がないということです。この違いは, 動詞 run は参与者が一つの事象を表すのに対して, 動詞 sweep や wipe は参与者が二つの事象を表すということを反映しています。

3.4.　移動結果動詞 (有方向移動動詞) の事象スキーマ

次に, 第 1 章で移動結果動詞と呼んだ, 結果動詞 arrive などについて Rappaport Hovav and Levin が述べていることを見ていきましょう。

(9)　Verbs which lexicalize an achieved location are the second type of result verbs. These are verbs of directed motion such as *come, go,* and *arrive,* which lexicalize an achieved location (and usually also a direction), but not a manner of motion. For example, someone could arrive at the station by running, walking, driving, or bicycling.

　　　　　　　　　　(Rappaport Hovav and Levin (1998: 102))

(到達場所を語彙化している動詞が, 結果動詞の二つ目のタイプである。こういった動詞は, come, go, arrive のように方向づけられた移動を表し, 到達場所 (および通例, それに加えて方向) を語彙化しているが, 移動様態は語彙化していない。たとえば, arrive at the station (駅に着く) という場合, 走ったり, 歩いたり, 車に乗ったり, 自転車に乗ったりして着くことが考えられる)

ここで述べられているように, come (来る), go (行く), arrive (着く) といった動詞は, 「到達場所 (achieved location) にいる」という結果状態が生じることを表し, その「到達場所」が「移動前にいる場所」から見てどのような場所なのかを, それぞれの語彙固有の意味として含んでいます。以下でもう少し具体的に見ていきましょう。

　come（来る）の場合，「到達場所」にふつう視点が置かれ，「移動前にいる場所」はその視点が置かれた場所とは違う場所になります。逆に go（行く）の場合，「到達場所」は現在視点が置かれた場所とは違う場所で，「移動前にいる場所」に視点が置かれています。ちなみに専門的にはこれを「ダイクシス，直示」(deixis) と言います。これらの動詞の場合，確かに視点に対して相対的に位置づけられる方向性があると言えます。そして，このような方向性のことを，(9) の「および通例，それに加えて方向」(and usually also a direction) というくだりは言っているのだと考えられます。

　でも，arrive（着く）や enter（入る）について考えてみましょう。これらの語は，「移動前にいる場所」と「到達場所」が違っているということしか言っていません。たとえば arrive の場合，今いるところに「着く」場合も，離れたところに「着く」場合も，両方ともあるということです。[7] enter の場合は，「到達場所」がどこかの内部であるという限定がさらに加わっています。いずれにせよ，arrive と enter に関して言えば，方向性がそもそもないので，これを「有方向移動動詞」(verbs of directed motion) と呼ぶのはやはり不適切です。したがって，この本では「移動結果動詞」(verbs of result of motion) と呼んでいきます。

　さて，Rappaport Hovav and Levin (1998) も述べているように，この種の動詞はある場所への到達という結果状態を語彙化していますが，移動様態は語彙化していません。つまり，語の意味そのものとしては，どのような様態でその場所にいる結果状態が生じたのかは未指定です。平たく言うと，どのようにしてやって来たり着いたり入ったりしたのか，語の意味としては決まっていないということです。そのため，(9) で述べられているようにいろいろな駅への着き方があったわけです。

---

　[7] これに関しては，出水（2017）で詳細に論じていますので，興味のある人は読んでみてください。

　この種の動詞が実際に使われる場合は，前後の文脈から移動の様態がわかっていて，わざわざ様態を言わずに結果のほうだけ言えばいいという場面であることが多いです。つまり，第 2 章の（17）（18）やこの章の（5）で見たのと逆パターンになり，結果状態である到達を提示することが重要な（それがどのような様態によって生じたのかを示すことがそれほど重視されていない）場面で使われるという特徴を共通してもっています。たとえば次の例を見てみましょう。

(10) a. Later, while Chavez occupied himself in the bedroom, Martin *came* and sat down beside me.

　　　　　　　　　　　　　　(Warren Kiefer, *The Lingala Code*: 42)
　　　　（その後，シャヴェスがその寝室を調べるのに忙殺されている
　　　　間に，マーティンがやって来て私のそばに座った）

b. The offices of John Alden Yachts, Inc., are located on Boston's Commercial Wharf. The sales manager came up to Tyler as he *entered*.

　　　　　　　　　(Sidney Sheldon, *Morning, Noon and Night*: 253)
　　　　（ジョン・オールデン・ヨット社の事務所はボストンのコマー
　　　　シャル・ウォーフにあった。タイラーが中に入ると販売部長が
　　　　彼を出迎えた）

（10a）では寝室に人が入ってくる状況が描写されていますが，ふつう室内の移動は歩いて行うので，歩いて入ってきたのだとわかります。そのため，いちいちそのような様態を表現せずに，到達の結果状態だけを語彙化した come（やって来る）という結果動詞を使っているのです。（10b）でも，人がどこかの事務所に入って行く場合，何事もなければ歩いて入ります。つまり，これらの例では，移動の様態が自明であるため重視されず，どこに到達した状態になったのかという結果を示すことが重要なので，移動結果動詞が用いられていると考えられます。

　また，先に移動様態動詞を使って移動の様態を描写しておいて，後の部分で移動結果動詞を使ってどこに到達する結果状態が生じたのかを記述するという使い方が英語ではよく見られます。たとえば以下のようなものです。

(11) a. He *drove* back along Scotch Road, turned north toward town on Bayberry Lane, and *arrived* at the station house at 7:10.　　　　　　　　　(Peter Benchley, *Jaws*: 18)

　　　　　（彼は<u>車で</u>スコッチ通りを逆に<u>走り</u>，北に曲がってベイベリ・レーンを通って中心街に向かい，7 時 10 分に署の建物に<u>着いた</u>）

　　b. Toby *flew* in with O'Hanlon and Rainger, and when they *arrived* at the airport, a limousine from the Oasis Hotel was waiting for them.

　　　　　　　　(Sidney Sheldon, *A Stranger in the Mirror*: 93)

　　　　　（トビーはオハンロンやレインジャーと共に，<u>飛行機で</u>現地入りした。空港に<u>着く</u>と，オアシス・ホテルのリムジンが彼らを待っていた）

(11a) の例では，he が警察署の建物に着くまでの経緯が描かれています。先に移動様態動詞である drive（車で移動する）が用いられ，その様態によって生じた署への到着という結果が，移動結果動詞である arrive（着く）によって表現されています。

　次に，(11b) の例は，有名なコメディアンであるトビーという人物が，配下の男たちと共に飛行機でラスベガス入りした様子を描いた場面です。ここでも，arrived at the airport（空港に着いた）という部分を読んだだけでは，空港という到着場所にいるという結果状態が生じたことだけしかわかりません。というのは，arrive が移動結果動詞で到達という結果だけを語彙化していて，どのような様態によって到達が生じたのかを指定していないからです。ただし，この動詞を含む直前の部分を読むと，Toby flew in.（トビーは飛行機で現地入りした）と移動様態動詞の fly（飛行機で行く）が用いてお

り，様態が明示されていることがわかります。このように，移動様態動詞と移動結果動詞というのは，一連の移動を表す際に続けて用いられ，移動の意味要素を分担して表していることが多いのです。

　ではそろそろ，このような移動結果動詞の事象スキーマを考えていきましょう。これらの動詞が移動の結果（ある場所へ到達しているという結果状態）のみを語彙化し，様態は未指定だという意味的な特徴をもつことから，BECOME を含む結果動詞の事象スキーマをもつことは間違いありません。さて，これまで出てきた結果動詞の事象スキーマといえば，第 2 章の (13) で見た状態変化動詞（「... になるようにする」動詞）のものしかありませんでした。

(12)　[[x ACT] CAUSE [BECOME [y <STATE>]]]　(＝第 2 章
　　　(13))
　　　〔x が y を「... になるようにする」動詞〕

ではこのスキーマが移動結果動詞にもあてはまるのでしょうか。実はそうならないのです。これには二つの理由があります。

　一つ目の理由は，参与者・項の数が一致しないことです。状態変化動詞 kill の場合，John killed Mary.（ジョンがメアリーを殺した）という文からわかるように，John と Mary という二つの参与者がいるので，(12) に含まれる x と y それぞれの項によって指し示す対象がちゃんとあるということになります。ところが，移動結果動詞 arrive だと，John arrived.（ジョンは着いた）と一つの参与者だけで文が成立するので，もし arrive の意味表示が (12) だとすると，x と y どちらかに対応する参与者がないことになります。

　二つ目の理由は，arrive は意味の点でも (12) に合わないことです。状態変化動詞（「... になるようにする」動詞）である kill（殺す）の場合，「相手が殺されている（＝死んでいる）状態になるようにする」という意味です。そして，この「する」という意味を，事象スキーマの [x ACT]（〔x が「する」〕）という部分で示しているのです。そのため，John killed Mary.（ジョンがメアリーを殺した）とい

うことが成り立つためには，ジョンがメアリーに何かした（たとえ
ば，首を絞めた，崖から突き落としたなど）ことが必要です。ジョ
ンが何もしていなくて，その横で突然メアリーが心臓発作で死んだ
場合，Mary died.（メアリーは死んだ）と言うことはできますが，
John killed Mary. とは言えません。

　一方，移動結果動詞 arrive（着く）は，主語が何もしなくても状
態変化（ある場所への到達）という結果が起こるだけで，事象が成
立します。だからこそ第1章の4節で「... になる」という意味を表
すとか，「到達動詞」（achievement verbs）と呼ぶとか述べておいた
のです。これに関しては，次の例文を見てみましょう。

(13) a. Victoria *arrived* unconscious in cardiac and respiratory
arrest at Brookdale Hospital at about 6:50 P.M. on
Monday. 　　　　　　　　(*New York Times*, 1992/03/04)
（ヴィクトリアが心肺停止で意識不明のままブルックデール病
院に着いたのは月曜日の6時50分頃だった）

b. By the time his coffee had *arrived*, the two men were
at the edge of the park, waiting.
(Olen Steinhauer, *The Bridge of Sighs*: 186)
（コーヒーが来たときには，2人の男たちは公園の端で待ってい
た）

(13a) ではヴィクトリアという人が主語になっていますが，uncon-
scious（意識不明）と書いてあることからわかるように，本人は何も
することができません。ここからわかるように，移動結果動詞 ar-
rive は行為の様態を指定していないだけでなく，行為（つまり「す
る」という意味）そのものを含んでいないのです。このことは (13b)
のように主語が無生物の his coffee である場合もっとはっきりし
ます。この例では he で示されている人物が，the two men（2人の
男たち）による尾行をまこうとして道路脇にあるカフェに入ってい
る場面です。コーヒーを注文して様子を見ているとコーヒーが出て

きます。しかしここでコーヒーが何か行為をするということは考えられません。[8] つまり，移動結果動詞は，状態変化動詞 open, break, kill のような「... になるようにする」動詞ではなく，「ようにする」の部分を意味に含まない「... になる」動詞だということなのです。

　以上のことから，移動結果動詞（到達動詞，「... になる」動詞）に (12) の事象スキーマを当てはめることはできないとわかりました。では，移動結果動詞の事象スキーマはどのようなものになるのでしょうか。ここで，(12) が適用できない二つ目の理由である，行為（「する」）そのものが含まれていないという点に着目してみましょう。つまり，「する」がないのなら，それを表す要素を含まない形を考えればいいのです。(12) の事象スキーマで「する」を表しているのは [x ACT] です。そこでこれのない形を想定すると次のようになります。

　(14)　[CAUSE [BECOME [y <STATE>]]]　(= (12) − [x ACT])

でも，このままだとまだおかしいのです。CAUSE というのは，BECOME や ACT と同じように，ふつうの英語の動詞 cause を大文字にして基本述語として使っているものです。動詞 cause は He caused the trouble.（彼はトラブルを起こした）のように「〜が ... を起こす」という使い方をします（つまり学校文法で言う SVO の構文になります）。ところが (14) では「〜」に当たるものがなく，「...」に当たる [BECOME [y <STATE>]] だけが残った形になっています。したがって，このような場合には CAUSE がそもそも使えませんのでこれもあってはいけません。結局，「ようにする」に相当する部分を全部含まない形になるわけです。さらに，入れ子構造を示す [ ] のうち不要なものを書かないようにすると，(15) の

---

[8] 行為をした人物がいるとすれば，コーヒーを持ってきたウェイターになりますが，動詞 arrive の意味内ではそのような行為は一切指定されていません。

54

ようになります。

(15) [BECOME [y <*STATE*>]]
〔y が「... になる」動詞〕
(Rappaport Hovav and Levin (1998: 124),[9] Demizu (2015: 93-94))

このような型を使って，ここまで見てきた移動結果動詞の arrive（着く），come（来る）を表すと，次のようになります。

(16) a. [BECOME [y <*ARRIVED*>]]   (Demizu (2015: 162))
〔y が「〈着いている状態〉になる」動詞〕
    b. [BECOME [y <*COME*>]]
〔y が「〈来ている状態〉になる」動詞〕

これで移動結果動詞の事象スキーマも何とか示すことができました。ところが，実は一つ問題があります。移動結果動詞の enter（入る）や leave（出る，去る，離れる）には自動詞の用法だけでなく，他動詞（2 項動詞）として項を二つ取る用法もあるからです。この章の最後に，それをどう考えるかを見ていきます。

3.5. 他動詞用法の移動結果動詞（有方向移動動詞）

この章の冒頭で考えたように，移動動詞の表す事象というのは，「移動する人や物」という一つの参与者だけで成立します。したがって，移動動詞の意味表示はそれに対応する一つの項だけを含むことになり，結果として動詞は 1 項動詞（自動詞）になります。

---

[9] Rappaport Hovav and Levin (1998) では，このような動詞の事象スキーマに含まれる項を x にしていますが，この本では [[x ACT] CAUSE [BECOME [y <*STATE*>]]] の一部に含まれていた形だということを示しておきたいので，y にします。

　しかしながら，一部の移動結果動詞では，移動の到達先となる場所も参与者として含めた場面の描き出し方（概念化）をし，その結果，「移動する人や物」と「場所」という二つの参与者を含む状況を語彙固有の意味として語彙化するのだと考えられます。

　ただし，このように参与者を二つ含む語彙固有の意味（つまり「語根」である *<ENTERED>* や *<LEFT>* です）を，移動結果動詞のスキーマである (15) の *<STATE>* の部分に入れようとすると，参与者の数と項の数が合いません。参与者は二つあるのに，(15) の事象スキーマには項が y の一つだけしかないからです。実はこのように，語根に含まれる参与者の数が事象スキーマに含まれる項の数よりも多いという場合，参与者に対応する項が意味表示内に追加されます（別の言い方をすると，事象スキーマで足りない項が語根から補充されるということです）。それによって，動詞 enter と leave の意味表示は次のようになります。

(17) a.　[BECOME [y *<ENTERED>* z̲]]　　(Demizu (2015: 168))
　　　　〔y が z̲ に対して「〈入っている状態〉になる」動詞〕
　　b.　[BECOME [y *<LEFT>* z̲]]
　　　　〔y が z̲ に対して「〈離れている状態〉になる」動詞〕

ここで追加された項 z̲ に下線が引いてあることに注意してください。このような項のことを Rappaport Hovav and Levin (1998) では「定項参与者」(constant participant) と呼んでいましたが，この z̲ はそもそも，語彙固有の意味に含まれる参与者というよりもむしろ意味表示内の「項」なので，「... 参与者」と呼ぶべきではありません。さらに，「定項」は Levin and Rappaport Hovav (2005) 以降「語根」と改称されていますので，この本では z̲ のように追加された項のことを語根項 (root argument) と呼びます。一方，もとから事象スキーマにある項 ((15) に y として存在し，(17) でもそのまま y になっている項) のことは，この本では構造項 (structure argument) と呼んでおきます (Rappaport Hovav and Levin (1998)

では事象構造鋳型に含まれる項なので構造参与者（structure partic-ipant）と呼んでいましたが，上で述べたようにこれは参与者ではなく項なので，そのようには呼びません）。

　さて，この語根項は，Rappaport Hovav and Levin（1998: 112-114）によると，もとから事象スキーマにある構造項とは違う一つの特徴をもっているとされています。具体的に言うと，構造項は必ず文を作るときに名詞句によって表現されなくてはなりません。一方，語根項は文脈からその内容がわかれば，つまり復元でき（re-coverable）れば，省略してもよいとされています。[10] たとえば，(18a) の文は，文脈から「到着場所」が部屋だとわかっていれば，(18b) のように言うことができるのです。

(18) a.　John *entered* the room.
　　 b.　John *entered*.

移動結果動詞 enter の主語 John に相当するのは (17a) の y であり，これはもともと (15) に存在するので構造項です。なので，どのような場合でも何らかの名詞句によって表現する必要があります。一方，目的語 the room に相当するのは (17a) の z̲ であり，これは語根の参与者が余ってしまわないように追加された語根項です。そのため，文脈から復元可能な場合，(18b) のように省略できます。

　このように，移動結果動詞 enter と leave が，本来ならば他動詞（2 項述語）であるにもかかわらず，語根項が文脈から自明である場合，それが名詞句によって表現されず自動詞になるということ

---

[10] Levin と Rappaport Hovav の理論に従うと，復元可能な場合，すべての意味表示の語根項が省略できるはずなのですが，第 4 章の (17) で見ていくように，必ずしもそのようにはなりません。これは Levin と Rappaport Hovav の理論が孕んでいる重大な問題点だと考えられますので，今後どう処理するか考えていくべきでしょう。

は，次の二つの実例からもよくわかります。

(19) a.　The four of them *left* the car, turned the corner, and *entered* the café.　(Irving Wallace, *The Seventh Secret*: 160)

　　　（四人は車を<u>出る</u>と，角を曲がってカフェに<u>入った</u>）

　　 b.　The maid *left* and a few minutes later Madame Delys *entered*.

　　　　　　　(Sidney Sheldon, *The Other Side of the Midnight*: 38)

　　　（メイドが<u>出て行って</u>から数分後，マダム・ドゥリスが<u>入って来た</u>）

(19a) では動詞 leave の語根項を表現する the car と動詞 enter の語根項を表現する the café を省略してしまうと，どのような場面なのか理解できなくなります。したがって，これらの動詞が他動詞として使われているのです。一方，(19b) ではある部屋に通された人の室内からの視点で描写されている場面なので，メイドが出て行った場所も，マダム・ドゥリスが入って来た場所も，その部屋であるとわざわざ述べなくてもわかります。そのため，これらの動詞はいずれも語根項を名詞句によって表さずに自動詞として使われていると考えられます。実は上の (10b) でも動詞 enter が自動詞として使われていましたが，この場合も入る場所が the offices（事務所）だと直前の文からわかるので省略されていたのです。

　なお，参与者が二つあるのなら，第 2 章ですでに見ていて，下にもう一度挙げてある状態変化動詞の事象スキーマの *<STATE>* に，*<ENTERED>* や *<LEFT>* を入れれば済むのにと考える人もいるかもしれません。

(20)　[[x ACT] CAUSE [BECOME [y *<STATE>*]]]　(＝第 2 章 (13))

　　　〔x が y を「... になるようにする」動詞〕

でも，この事象スキーマを他動詞用法の移動結果動詞に適用するこ

とは，以下の二つの理由で問題があります。

　まず，これまで見てきたように，移動結果動詞（到達動詞，「... になる」動詞）は，状態変化動詞（「... になるようにする」動詞）と違って，意味に「ようにする」の部分を含んでいません。これは参与者を二つもつ enter や leave に関しても同じです。これは他動詞用法の enter で主語が無生物の例が見られることからわかります。

(21)　The imported merchandise *entered* the United States on October 17, 1984 from Japan.

　　　(http://law.justia.com/cases/federal/appellate-courts/F3/26/1107/619504/)

　　　(その輸入品は日本から 1984 年 10 月 17 日に合衆国に入って来た)

この例では主語が the imported merchandise（輸入品）という無生物です。すでに (13b) で，動詞 arrive の主語が無生物の his coffee である例を見て，コーヒーが何か行為をするということは考えられないので，「ようにする」の部分が自動詞用法の移動結果動詞 arrive などの意味に含まれないことを見ました。(21) でも輸入品が何かをすることはありえないので，他動詞用法の移動結果動詞 enter の意味にも「ようにする」という要素が含まれないことがわかります。

　二つ目の理由は，状態変化動詞の場合，y の項で表される参与者に必ず状態変化が起こるということです。たとえば kill を使った John killed Mary.（ジョンはメアリーを殺した）という文の場合，メアリーが「死んだ状態」になることが語彙化された意味に含まれています。そのため，第 2 章の (3) で見たように，状態変化が起こらなかったという言い方をすると矛盾するのでおかしな文になります。

(22)　*John killed Mary, but she didn't die.（＝第 2 章 (3)）

　　　(*ジョンはメアリーを殺したが，メアリーは死ななかった)

では，John entered the room.（ジョンは部屋に入った），John left

the room.（ジョンは部屋を出た）の the room に，上の kill の文に出てきた Mary に起こるような，何か特定の状態変化が起こると考えられるでしょうか。

　もし，移動結果動詞の enter や leave が（20）の事象スキーマを肉付けした意味表示をもっているとすれば，John entered the room. と John left the room. では John が x，the room が y になるので，y の項で表される参与者 the room には必ず動詞の意味によって指定される状態変化が起こるはずです。もちろん，人が部屋に出入りする場合，分子レベルでは部屋に何かの変化が起こるかもしれません。でも，日常レベルの認識では，ふつう部屋が何か変化してその結果別の状態になったとは見なしません。そのため，これらの動詞の目的語 the room は，（20）の事象スキーマに含まれる項 y が指すような種類の参与者ではないのです。したがって，たとえ参与者が二つあっても，移動結果動詞は（15）の事象スキーマで表示される意味を表すことになります。

　この章では 2 種類の移動動詞，具体的には移動様態動詞（「... する」動詞）と移動結果動詞（有方向移動動詞，到達動詞，「... になる」動詞）の事象スキーマと意味表示を見ました。その終わりのほうで，動詞が表す参与者を指し示すために，事象スキーマになかった項が追加されることがあり，それを語根項ということも学びました。実は，この下線を引いた語根項は，第 2 章の（20）で様態動詞（行為動詞）sweep, wipe の意味表示を提示した際にも登場していたことを思い出した人もいるかもしれません。次章の冒頭では，こうした様態動詞の語根項を見ていきます。

第4章 事象スキーマへ語根を入れる！

4.1. はじめに

第3章までのところで，2種類の結果動詞（状態変化動詞と移動結果動詞）と2種類の様態動詞（行為動詞と移動様態動詞）に関して，どのように事象スキーマを肉付けして意味表示ができるのかを考えてきました。また第3章の終わりで，意味表示に含まれる項に，事象スキーマから引き継がれた構造項と，語根によって補充される語根項があることを学びました。以下では，まず他動詞の様態動詞（行為動詞）に含まれる語根項を取り上げた後，もう一度さまざまな意味グループの動詞に関して，事項スキーマへ語根が関連づけられる仕組みを見ていきます。最後に，推論によってあるように感じられはするものの，実際には語彙化されていない意味要素について考えます。

4.2. 様態動詞の意味表示と語根項

第3章の（17）で，動詞の語根が組み込まれる事象スキーマに含まれている項の数が，動詞の語根が意味的に含んでいる参与者の数より少ない場合に，語根から項が追加されることを見ました。事象スキーマに元からある項は構造項，追加される項は語根項と呼ぶこ

とも思い出してください。

　それを踏まえて，ここからは様態動詞に見られる語根項について考えていきます。第2章の (20) で見た様態動詞（行為動詞）sweep と wipe の意味表示をここで見直してみましょう。

(1)　a.　[x ACT$_{<SWEEP>}$ y]（= 第2章 (20a)）
　　　　　〔x が y に対して「〈掃く様態で〉する」動詞〕
　　b.　[x ACT$_{<WIPE>}$ y]（= 第2章 (20b)）
　　　　　〔x が y に対して「〈拭く様態で〉する」動詞〕

この y は（実は！）元の様態動詞の事象スキーマにない語根項だったので y と下線を引いてあったのです。以下で詳しく見ていきましょう。

　第3章の2節で見たように，Tracy swept the floor.（トレーシーが床を掃いた）という場合の様態動詞（行為動詞）sweep は，Tracy という人と the floor という掃く表面を表す物の二つを参与者として含んでいます。一方，移動様態動詞 run の場合参与者は「移動する人や物」の一つだけです。ちなみに run の意味表示は以下のようなものでした。

(2)　[x ACT$_{<RUN>}$]（= 第3章 (8)）
　　　〔x が「〈走る様態で〉する」動詞〕

(1a) (2) は共に (3) に示す同じ様態動詞（「... する」動詞）の事象スキーマを肉付けしたものです。

(3)　[x ACT$_{<MANNER>}$]（= 第2章 (19)，第3章 (7)）
　　　〔x が「... する」動詞〕
　　　　　　　　　　　　　(Rappaport Hovav and Levin (1998: 109, 2010: 24))

つまり，参与者が一つだけの移動様態動詞 run の語根 *<RUN>* を (3) の事象スキーマに組み込む場合，その参与者「走る人」は x に対応しますから，意味表示は項の追加なしで (2) のようになりま

す。ところが，参与者が二つある様態動詞（行為動詞）sweep の語根 <SWEEP> を (3) の事象スキーマに関連づけると，「掃く人」は x に対応しますが，「掃く表面」を指す項がなく参与者が一つ余ってしまうことになります。そのため，それに対応する語根項 y が意味表示内に追加され，(1) のようになっていたのです。[1]

この y は語根項なので，第 3 章 (17) の z 同様，復元可能な場合には省略できると Rappaport Hovav and Levin (1998) は述べています。以下でそれを見ていきましょう。まず次のような例文が挙げられています。

(4) a. Phil swept the floor.
　　b. Phil swept.

(Rappaport Hovav and Levin (1998: 115))

これによって，sweep the floor（床を掃く）の the floor は語根項なので省略できることがまず例証されています。さらに続けて，(4b) が文脈なしで使われた場合でも，床を掃くことを表す場合，自動詞で使えることを，Rappaport Hovav and Levin は次のように述べています。

(5) The intransitive use of the verb *sweep* is felicitous since there is a prototypical surface associated with a sweeping event: a floor. The strong association between sweeping and floors means that no particular context needs to be specified with intransitive *sweep* to ensure the appropriate interpretation of the unexpressed participant. And in fact, when used in isolation [(4b)] cannot describe a situation

---

[1] これは第 3 章 (17a) で，<ENTER> を [BECOME [y <STATE>]] の事象スキーマに組み込むとき，enter the room（部屋に入る）の the room という参与者を指す項がないので，z を追加して帳尻を合わせたのと同じです。

in which anything other than a floor is swept.

(Rappaport Hovav and Levin (1998: 115))

（動詞 sweep の自動詞用法が適切なのは，プロトタイプ的な表面が「掃く」事象に関連づけられているからである。それはつまり「床」である。「掃くこと」と「床」の結びつきが強いということは，特定の文脈が指定されていなくても，自動詞 sweep の場合確実に，表現されていない参与者を適切に解釈できるということである。実を言うと，(4b) をそれだけで使った場合，床以外のものを掃く状況は記述できないのである）

つまり，仮に文脈がなかったとしても，sweep の場合その行為の様態から典型的な表面である床が想起できるので，復元可能であるという条件を満たすことになり自動詞として使えるということです。この点，第 3 章の 5 節で見た，文脈から移動の対象となる場所がわからない限り目的語を省略できない移動結果動詞 enter や leave とは少し異なることがわかりました。でも，復元できれば名詞句で表さなくてもよいという点は共通しているので，両方とも目的語を語根項に関連づける考え方は妥当だと言えるでしょう。

4.3.　事象スキーマと意味表示のここまでのまとめ

ここまで，様態動詞の移動様態動詞と行為動詞，結果動詞の状態変化動詞と移動結果動詞に関して，語根が事象スキーマに組み込まれることで，それぞれの動詞の意味表示ができることを見てきました。もう一度ここで改めて，これまでの流れを振り返ってみましょう。

そもそも，動詞の表す語彙固有の意味要素（語根によって表示される部分）は，その動詞の描き出す（概念化する）場面にどのよう

64

な参与者が存在するのかという情報を含んでいます。[2] そして，動詞の語根は，その意味に合うような[3] 事象スキーマに関連づけられ組み込まれることになります。

たとえば，移動様態動詞 run が表す状況には「走る人」だけが存在するので，その語彙固有の意味を表す語根 <RUN> にはその「走る人」という一つの参与者だけが含まれています。一方，行為動詞 sweep が表す状況には，「掃く人」と「掃く表面」が存在するので，語根 <SWEEP> にはそれらに対応する二つの参与者が含まれています。これらの動詞はいずれも，意味的に様態（どのようにするか）のみを含んでいて結果（どのような状態になるのか）は含んでいないので，様態動詞の事象スキーマである (3) [x ACT<MANNER>]〔x が「... する」動詞〕に組み込まれます。それを図解すると (6) のようになります（なお，語根の左右に□で囲んで - でくっつけて書いてあるのが，その動詞固有の意味が表す状況に含まれる，つまり語根に意味情報として含まれている参与者です）。

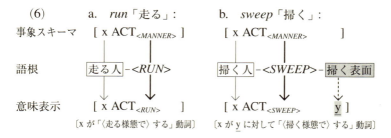

(6)　　　　a. *run*「走る」:　　　　b. *sweep*「掃く」:

事象スキーマ　[x ACT<MANNER>]　　[x ACT<MANNER>　　　　]

語根　　　　　走る人-<RUN>　　　掃く人-<SWEEP>-掃く表面

意味表示　　　[x ACT<RUN>]　　　[x ACT<SWEEP>　　y]
　　　　〔x が「〈走る様態で〉する」動詞〕　〔x が y に対して「〈掃く様態で〉する」動詞〕

(6a) のように参与者と項の数が同じであれば，そのまま事象スキーマが語根によって肉付けされて意味表示になります。ところが，(6b) のように事象スキーマの項のほうが少なく，語根に含まれる

---

[2] これは比喩的に言うと，その動詞が表す舞台（＝場面・状況）に何人の登場人物（＝参与者）がいるのかということです。

[3] これに関しては第6章の3節でもっと詳しく見ていきます。

参与者が対応する項をもたずに余ってしまう場合，参与者の数に合うように項が追加されます（別の言い方をすると，事象スキーマにはなかった項が，語根の参与者に関する情報によって補充されます）。このように，意味表示内の項には，事象スキーマに元からある x のようなもの（これを事象スキーマという構造に含まれているという意味で構造項（structure argument）と呼びます）と，参与者の数に合わせるために語根の意味から追加される y のようなもの（これを語根に含まれていたという意味で語根項（root argument）と呼びます）の2種類あるということになります。

　続けて，結果動詞のうち，移動結果動詞の意味表示のでき方を見ていきましょう。この場合，動詞 arrive が表す状況には「着く人」だけが存在するので，語彙固有の意味を表す語根 <ARRIVED> には「着く人」という一つの参与者だけが含まれています。一方，動詞 enter が表す状況には「入る人」と「入る場所」が存在するので，語根 <ENTERED> にはこれらを表す二つの参与者が含まれています。これらの動詞は意味的に結果（どのような状態になるのか）のみを含んでいます。また，第3章の4節と5節で見たように，これらはそもそも「する」という意味自体を含んでいないので，意味表示に ACT を含みません。当然様態（どのようにするか）も ACT 自体がない以上くっつけるところがないので，意味には含まれません。そのため，第3章の（15）で見た，[BECOME [y <STATE>]]〔y が「... になる」動詞〕という，「する」を含まない結果動詞（到達動詞，「... になる」動詞）の事象スキーマに組み込まれます。これを図示すると次のようになります。

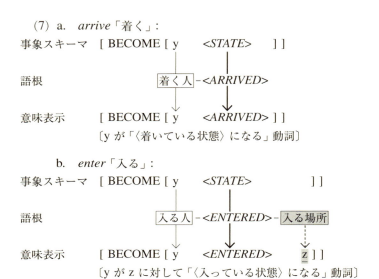

(7) a. *arrive*「着く」:

事象スキーマ　[BECOME [y 　　*<STATE>*　　]]

語根　　　　　　　　　　着く人 -*<ARRIVED>*

意味表示　　　[BECOME [y 　　*<ARRIVED>*]]

〔y が「〈着いている状態〉になる」動詞〕

　　b. *enter*「入る」:

事象スキーマ　[BECOME [y 　　*<STATE>*　　　　]]

語根　　　　　　　　　　入る人 -*<ENTERED>*- 入る場所

意味表示　　　[BECOME [y 　　*<ENTERED>*　z]]

〔y が z に対して「〈入っている状態〉になる」動詞〕

(7a) のように参与者と項の数が同じであれば，そのまま事象スキーマが語根によって肉付けされて意味表示になります。ところが，(7b) のように語根に含まれる参与者が，事象スキーマの対応する項をもたずに余ってしまう場合，参与者の数に合うように項が追加されます。この場合，y だけが構造項として存在するので，(6b) とは違って追加される語根項は z になります。

　最後に，状態変化動詞 open が，John opened the door.（ジョンはドアを開いた）のように使われる場合の意味表示がどのようにできるのかを見てみましょう。このような（使役的）状態変化動詞（「... になるようにする」動詞）は，「x が何かして，それを原因として y が ... になる」という意味を表します。ただし，語彙的に指定されているのは結果（どのような状態になるか）であって，様態（どのようにするか）は未指定ですので，x は何かをしますが，何をするのか動詞の意味からはわかりません。そして，「x が何かする」という意味が含まれている以上，様態が未指定の（つまり，下付きの

<MANNER> が何もくっついていない）ACT を意味表示に含むことにな
ります。そのため [[x ACT] CAUSE [BECOME [y *<STATE>*]]]〔x
が y を「... になるようにする」動詞〕の事象スキーマと関連づけら
れます。これを図示すると下のようになります。

(8) *open*「開ける，開（ひら）く」：

事象スキーマ [[x ACT] CAUSE [BECOME [y   *<STATE>*]]]

語根 | 開く人 |————————| 開く物 |—*<OPEN>*

意味表示 [[x ACT] CAUSE [BECOME [y   *<OPEN>*]]]
〔x が y を「〈開いている状態〉になるようにする」動詞〕

この場合，事象スキーマに元から x と y という二つの項が含まれ
ているので，参与者はジョンとドアの二つありますが，どちらもそ
のまま対応づけられ語根項の追加はありません。つまり，状態変化
動詞の場合，どちらの参与者を表す項も構造項だということになり
ます。第3章の5節ですでに触れたように，構造項は必ず文を作
るときに名詞句によって表現されなくてはなりません。

このように状態変化動詞の場合，y に相当する目的語が構造項で
あるため省略できないことを，Rappaport Hovav and Levin（1998:
117）と Levin（1999: 237, 2000: 425）では，状態変化動詞 break
を含む文を例に取って，以下のように示しています。

(9) a. Tracy broke the dishes.（トレーシーは皿を割った）

(Rappaport Hovav and Levin (1998: 117))

b. *Kelly broke again tonight when she did the dishes.

(Levin (1999: 237, 2000: 425))

（皿を洗っていてケリーは今夜また割った）

動詞 break の意味表示は次のようになりますので，(9) の文ではト
レーシーやケリーが x, the dishes（皿）が y に対応することにな

ります。

(10)　[[x ACT] CAUSE [BECOME [y <*BROKEN*>]]]
　　　〔x が y を「〈壊れている状態〉になるようにする」動詞〕

x, y はいずれも，元になっている状態変化動詞の事象スキーマに
も含まれているので構造項です。したがって，いくら文脈から the
dishes（皿）であることがわかりきっていても名詞句によって表現
しなければならないので，(9b) のように省略して Kelly broke と
だけ言うとおかしな文になります。この点が，語根項にすぎない
sweep や enter の目的語とは異なると Levin と Rappaport Hovav
は主張しています。

4.4.　他の到達動詞（「... になる」動詞）と予備段階

　では，移動動詞以外にも他動詞で，移動結果動詞 enter や leave
と同じような意味表示をもっている動詞（到達動詞，「... になる」
動詞）はあるのでしょうか。言い換えると，動詞そのものが語彙化
する意味として，「する」という意味を含まず（したがって，意味
表示内に ACT がなく），なおかつ結果（どのような状態になるか）
を含んでおり，[BECOME [y <*STATE*>]]〔y が「... になる」動詞〕
という到達動詞（「... になる」動詞）の事象スキーマに組み込まれ
る他動詞が，移動結果動詞以外にもあるのかどうかということで
す。実は英語の動詞 find や，それに相当する日本語の動詞「見つ
ける」は，この種の動詞だと考えられます。ただし，これらの動詞
はちょっと曲者で，語彙化していない「する」という意味（具体的
には「探す」という行為動詞の意味）を含むように感じられる場合
があります。そこで久しぶりに日本語の例文を使ってちょっと考え
てみましょう。
　次の二つの文における「見つける」という動詞の表す状況を考え
てみてください。これら二つの例で描かれている状況はまったく同

じでしょうか？　それとも微妙に違うでしょうか？

(11) a.　佐々木のことは知らないわけではない。だが，川野のことを気軽にきける間柄でもない。他に誰かいないかと探した児玉は，次に笠井清晴の名前を<u>見つけた</u>。
「笠井さん，一緒だったのか」

（池井戸潤『不祥事』: 306）

b.　「弟に，先生のことを気づかれてしまったみたいだわ」
「えっ，弟さんに？　ど，どうして？」

侑子の弟，倉重秀昭は，獨協大学経済学部二年生で，侑子と同じ時期に，叔母が営む北区十条の下宿に部屋を借りていた。

「写真よ。下宿の荷物を整理するときに，『ねじの回転』に挟んでおいた先生の写真を<u>見つけた</u>の。この人とはどんな関係かと問いつめてきたわ。

（松田美智子『大学助教授の不完全犯罪』: 85）

(11a) では，川野という過去に企画部にいた人物のことを調査していた児玉が，企画部の当時の名簿を調べて，自分が直接話を聞けそうな人物を探している場面です。この場合，直前に「他に誰かいないかと<u>探した</u>」とあるように，探した結果「笠井清晴の名前を<u>見つけた</u>」わけです。一方，(11b) は，大学助教授と不倫していた倉重侑子という女子学生が，弟に不倫のことを気づかれたかもしれないとその大学助教授に言っている場面です。ここでは，侑子が下宿の荷物を整理するのを弟である秀昭が手伝っていて，『ねじの回転』の本を手に取った際にたまたまそこに挟んであった助教授の写真を<u>見つけてしまった</u>という事情を説明しています。ここではもちろん，わざわざ写真を探したのではなく，いきなり見つけてしまったということです。この違いをまず，感覚的に日本語でつかんでもらえればと思います。

　続けて，英語の用例で同じことを考えていきましょう。まず，次

の例を見てください。

(12) She <u>searched her purse for a handkerchief</u>, *found* one, dabbed at her upper lip.

(Irving Wallace, The Second Lady: 157)

（ハンカチはないかとハンドバッグの中を探した彼女は，1枚<u>見つけ</u>それで上唇をそっと押さえた）

(12) では，日本語の (11a) と同じように，直前の部分で searched her purse for a handkerchief（ハンカチはないかとハンドバッグの中を探した）と書いてあります。したがって，one（＝a handkerchief）は探して見つけたことになります。

　このような「探す」状況は，以下のように search 以外の動詞によって表されることもあります。

(13) a. Kessler <u>rummaged through a cabinet below the radio</u> and *found* a flashlight.

(Clive Cussler with Jack Du Brul, Plague Ship: 20)

（ケスラーは無線機の下のキャビネットの中をかき回して探し，懐中電灯を<u>見つけた</u>）

b. "Still, give me his number. I'll call just to say hello." Snickering, Dahl <u>dug through his wallet</u> and *found* a card. Showed it to Brynn and she wrote down the information. (Jeffery Deaver, *The Bodies Left Behind*: 289)

（「それでもいいから彼の電話番号を教えて。電話で挨拶でもしてみるから」忍び笑いしながらダールは財布の中をくまなく探し，名刺を<u>見つけた</u>。それを見せてもらったブリンはその情報を書き留めた）

(13a) では，rummage through ...（... をかき回して探す）という動詞があるので，懐中電灯を探して見つけたことがわかります。一方 (13b) は，ブリンがある男の連絡先をダールに尋ねた場面です。

ダールは財布の中をわざわざ探して，それが書いてある名刺を取り
出してブリンに見せています。dig through ...（... に（地面などを掘
るように）手を入れて探す）という動詞が使われており，財布の中を
探してようやく名詞を見つけたことが明確になっています。

　また，明示されていなくても，文脈から探したことが読み取れる
場合もあります。次の例を考えてみてください。

(14)　The building was dark, and the entrance doors were
　　　locked. He stepped out into the street and looked up at
　　　the building. There were some lights on in the third-floor
　　　windows. He went back to the building entrance and
　　　found a bell to summon the night porter.

　　　　　　　　　　(Harold Robbins, *Memories of Another Day*: 258–259)
　　　　　（建物は暗く，入り口のドアは鍵がかかっていた。彼は通りに出て
　　　　　建物を見上げた。三階の窓にいくらか明かりが灯っていた。彼は
　　　　　ビルの入り口に戻ると，夜勤の守衛を呼ぶための呼鈴を見つけた）

これはある建物内の事務所に用事があってやってきた場面です。建
物の入り口に鍵がかかっていたので，入り口付近を探して呼び鈴を
見つけ出した状況が描かれています。したがって，この場合も探し
て見つけたと解釈できます。[4]

　次に，（わざわざ探したのではなく）偶然見つけた状況を描写し
た例を見ていきましょう。

(15)　a.　One afternoon when Jill returned home from work, she
　　　　　found a note from Harriet. It read: "I've always want-
　　　　　ed my baby to be born in Hoboken. Have gone back

---

[4] この場合は結果を表す find（見つける）だけで，その前に典型的に生じる様
態 search（探す）を暗に示しているのです。様態と結果が逆になったパターンは，
この章の終わりにある (20) (21) を見てください。

home to my folks."

(Sidney Sheldon, A Stranger in the Mirror: 289)

（ある日の午後仕事から帰宅したジルは，ハリエットからの置き手紙を見つけた。そこには次のように書いてあった。「ずっとホーボーケンで出産したいと思っていたので，故郷の家族のところへ帰ります」）

b.　"I'm sad that I *found* a dead body, but I'm not all that sad that it was Clara Pierce." Kate pulled the front of the dress closed a fraction.

(Laura Durham, Better Off Wed: 71)

（「死体を見つけたのはいやだけど，それがクララ・ピアスの死体だったことはそんなにいやじゃないわ」ケイトはドレスの前をほんの少し引き合わせた）

(15a) の前の場面では，ジルという人物がホーボーケン出身のハリエットと同居していたことが描かれています。ところが，ハリエットが妊娠して急に出産のために帰郷することになりました。ある日の午後帰宅したジルは，そのハリエットからの置き手紙を見つけます。このような場合もちろん，探そうとして見つけたのではなく，帰ったら置いてあったのをいきなり見つけたわけです。一方，(15b) は大嫌いだったクララ・ピアスの死体の第一発見者になってしまったケイトが，クララ・ピアスの葬儀に行く途中に同僚と話をしている場面です。この場合も，死体を偶然見つけており，探したわけではありません。

　このように，英語の動詞 find も日本語の「見つける」も，探して見つけた場合と偶然見つけた場合，いずれにも使うことができます。これは結局，探したか否か，つまり ACT「する」の部分が，find「見つける」の意味で指定されていない（要するに，意味表示に含まれていないので，現実世界において実際に生じていてもいなくてもいい）からだということになるのです。このことは，Smith

（1997）という動詞の語彙アスペクト（各動詞固有の時間的性質）を研究した文献の中で次のように説明されています。

(16) 　[find your watch] may occur after some preliminary searching stages, or without them.　Although preliminaries of different types are related to Achievements, they are conceptually detached from the events.

(Smith (1997: 31))

（「時計を見つける」は予備的な探す段階を経て起こることもあるし，そのような段階なしで起こることもある。さまざまなタイプの予備段階が Achievement に関連づけられるが，それらは事象そのものとは概念的に切り離されたものである）

ここで Smith（1997）が言っているように，動詞 find は到達動詞（Achievement）（つまり結果動詞の一種で，「... になる」動詞）なのです。[5] この find（見つける）という行為には，search（探す）という行為が付随することが往々にしてあり，Smith はこの場合の「探す」を「予備段階」（preliminary stages）と呼んでいます。

　Smith も述べているように，このような予備段階はもちろん，ある場合，ない場合の両方がありますが，重要なのは，最後の「それらは事象そのものとは概念的に切り離されたものである」（they are conceptually detached from the events）という部分です。つまり，find（見つける）はそもそも概念的に search（探す）とは別物で，たまたま一緒に起こることがよくあるけど，find（見つける）そのものには search（探す）という意味は含まれていないということなので

----

　[5] そもそも到達動詞（achievement verbs），行為動詞（activity verbs）などの用語を使って，動詞の時間的性質を最初に分類したのは，Vendler（1957）という古典的論文です。Vendler による四つの動詞分類を詳細に研究したものとしては，Dowty（1979）の第2章や，Smith（1997）が有名です。分類について予備知識のない人向けにわかりやすく説明したものとしては，影山（2008）などがあります。

74

す。したがって，動詞 find（見つける）の意味表示には，「見つけた状態になる」という結果だけが含まれていて探すという過程は含まれない，つまり ACT も含まれないということになります。このことは，Smith が動詞 find は到達動詞（結果動詞の一種である「... なる」動詞）だと言っていることと一致しています。

以上から考えると，動詞 find は ACT を含まない結果動詞（「... なる」動詞）の事象スキーマ [BECOME [y <STATE>]]〔y が「... になる」動詞〕と関連づけられ，次のような意味表示をもつことになります。

（17）　*find*「見つける」：

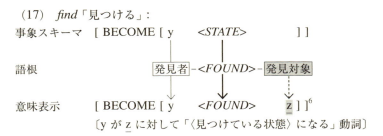

事象スキーマ　[BECOME [y　　　<STATE>　　　]]

語根　　　　　　　　　　発見者 –<FOUND>– 発見対象

意味表示　　　 [BECOME [y　　　<FOUND>　　　z]]⁶
　　　　　　〔y が z に対して「〈見つけている状態〉になる」動詞〕

4.5.　予備段階を構成する動詞の事象スキーマ

さらに，動詞 find の予備段階に相当すると Smith が述べていた動詞 search についても考えておきましょう。この動詞はどのよう

---

⁶ ここでは動詞 find の発見対象という参与者を指す項が，z という語根項になっています。これまで見てきた限りでは，語根項は復元可能な場合，名詞句によって表現しなくてもいいので，動詞 find には自動詞用法があるはずなのですが，なぜか find には他動詞用法しかありません。そもそも，項表現の省略可能性が，どこまで項の性質を反映しているのかに関しては，Goldberg（2001）のように疑問視する声もあります。また，日本語では項の性質に関係なく，文脈からわかりさえすればほとんどの場合目的語を省略できます。こうしたことをどう考えていくべきかは，今後の課題になると思います。

にするのか（具体的には，ある場所を注意深く調べる）という様態を指定していますが，探した結果どうなるのか（つまり探し物が見つかるのか見つからないのか）は未指定です。もちろん（12）のように，後の部分で見つけたという結果が示されることもありますが，以下のように探すという行為だけを行って何も見つからなかった場合にも使うこともできます。

(18) a. Brynn hesitated briefly and then knelt and *searched their pockets for cell phones*. None.

(Jeffery Deaver, *The Bodies Left Behind*: 289)

（ブリンは少しためらってから膝をつき，携帯電話はないかとポケットの中を探した。何もない）

b. Captain Yolles glanced at Peter for approval, then turned the garbage can upside down, emptying its contents. Though they *searched* carefully, there was no sign either of Kulgmer's sandwich wrappings or the missing note from the Duchess of Croydon.

(Arthur Hailey, *Hotel*: 359)

（ヨールズ分署長は承認を求めてピーターをちらっと見ると，ごみ箱を逆さにして中身を空けた。そして注意深く探したが，クルクマーのサンドイッチの包み紙も，クロイドン公爵夫人が書いた行方不明になっている許可書も見当らなかった）

(18a) は死体を発見したブリンが，携帯電話がポケットに入っていないか探した場面ですが，「探した」けど見つからなかったことがNone という語によって示されています。(18b) は，証拠物件がごみとして捨てられている可能性があるので，ごみ箱の中身を調べている場面です。なおこの場合，文脈から探す場所（＝ごみの中）も探す物（包み紙と許可証）もわかっているので，動詞 search が単独で使われています。後の部分で there was no sign of ... (... の形跡すらなかった）と書いてあり，どちらも見つからなかったことが示

されています。

　さて，ここまで見てきた動詞 search の意味表示を考えます。動詞 search は「探す」という行為の様態のみを語彙化し，見つけたかどうかという結果に関しては未指定なので，様態動詞（行為動詞）になります。さらに，(12)(18a) のように探す場所を目的語として取る場合があることから，この動詞が表す状況には「探す人」と「探す場所」が存在し，語根 <SEARCH> にはそれらに対応する二つの参与者が含まれていることがわかります。参与者が二つある様態動詞ということは，第 2 章で初めて取り上げた様態動詞（行為動詞）sweep, wipe と同じような意味表示をもつはずです。したがって，以下のような意味表示が想定できます。

(19) a.　*search*「探す」：

〔x が y に対して「〈探す様態で〉する」動詞〕

ここからわかるように，探す人を表す項 x は構造項ですが，探す場所を表す項 y は語根項ですので，探す場所は復元可能な場合に名詞句で表現しなくてもよいことになります。これは (18b) のように目的語を省略して自動詞として用いられた例があることによって裏付けられます。

4.6.　推論される結果（よくある思い込み !? ）

　最後に，明示されなくても結果が推論され，そのままその推論された結果を受ける描写が後続文脈でおこなわれている例を見ておきましょう。上の (14) では，探したことが明示されていなくても，

文脈から探して find したことが読み取れる例を見ました。それとは逆に，見つけたことが明示されていなくても，英語の動詞 search や日本語の動詞「探す」だけで，実質的に探して見つけた状態になったことを文脈から表す場合があります。特に日本語ではこうした例が多く見られます。まず次の例を考えてみてください。

(20) a. 駅前の案内板を見て，若槻学園に向かうバスを探した。目的のバスがちょうど停車している。

（薬丸岳『天使のナイフ』: 103）

b. 電話ボックスを探した。もらってきたばかりのマッチにある電話番号を見ながら，ダイヤルを回した。

（勝目梓『地獄の十点鐘』: 167）

(20a) では「若槻学園に向かうバスを探した」としか書いてありませんが，「若槻学園に向かうバスを探して見つけた」からこそ，「目的のバスがちょうど停車している」ことがわかったわけです。また，(20b) でも「電話ボックスを探した結果，見つけた」から電話することができているのです。

　英語の動詞 search ではこうした例はあまりありません。ですが，以下のような実例はごく少数ですが見つかります。

(21) a. He *searched her* and pulled the knife out of her pocket.

(Jeffery Deaver, *The Bodies Left Behind*: 171)

（彼は彼女の体を探って，彼女のポケットからナイフを引っぱり出した）

b. Torick *searched the room* and confiscated a small amount of marijuana.

(https://books.google.co.jp/books?isbn=1440631107)

（トリックは部屋を捜索して少量のマリファナを押収した）

(21a) では彼が彼女を身体検査して，ポケットのナイフを見つけたので取り上げている場面です。いきなりナイフを引っぱり出して取

り上げた場面が描写されていますが，その前にナイフを見つけると
いう出来事が起こっているはずです。でもそれは記述されていませ
ん。身体検査をしてナイフを取り上げたと描くだけで，見つけて取
り上げたことがわかるからです。(21b) でも同様で，部屋を調べた
結果，マリファナを見つけたので押収したのです。でも，部屋を調
べてマリファナを押収したと言うだけで，見つけたから押収したこ
とはわかります。

　このように，動詞 search（探す）と find（見つける）が表す行為は，
一連の出来事において連続する様態と結果を表すため，一方が起こ
れば他方も付随して起こるという推論がはたらきやすいのです。そ
のために，(20)(21) や上の (14) のように，両方が生じた状況を
表す場合でも，片方の動詞だけを用いて，もう一方の出来事が一緒
に起こっていることを読み手の推論に任せることがあるとわかりま
した。

　でも，最後にもう一度言っておきますが，語彙化している意味は
search（探す）では様態だけ，find（見つける）では結果状態だけで
す。推論によって他方の意味も含まれているように我々は感じがち
ですが，「探したけどなかった」「散歩中，道に落ちている財布を見
つけた」のような，推論される様態や結果を排除した例をもう一度
頭の中でよく考えて，語彙化されている（つまり，どんな状況で
使っても常にその動詞の意味に含まれている）意味要素が何なのか
ということを確認しておきましょう。

第5章　状態動詞も見ていこう！

5.1.　はじめに

　第4章までのところで，いろいろな動詞の意味について考えてきました。具体的には，様態動詞（「... する」動詞）と結果動詞（「... になる（ようにする）」）のいくつか代表的な意味グループを取り上げて，それらの語根がどのような事象スキーマに関連づけられ，どのような意味表示ができるのかを見てきました。でも，実は様態動詞と結果動詞（これらをまとめて動作動詞と呼びます）とはまったく異なり様態も結果も意味に含まず，ある状態が続いていることだけを表す動詞（これを状態動詞と言います）があります。この章ではそういった動詞を見ていきます。

5.2.　状態動詞とは何か

　ここまで見てきた動詞はすべて，実は動作動詞（dynamic verb）と呼ばれるものでした。そして，その動作動詞の下位分類（それをさらに細かく分けた分類）が，様態動詞（どのようにするのかを表す動詞，「... する」動詞）と結果動詞（どのようになるのかを表す動詞，「... になる（ようにする）」動詞）でした。これらの動詞では，何かをしたり，何かがどうにかなったりすることで，そうでなかっ

80

た状態からの変化が起こります。なので，動作動詞はすべて何らかの変化（change）を含むということができるのです。

　一方，状態動詞というのはどういう動詞でしょうか。かの有名な英文法書『総合英語 Forest』には，動詞の時制の章で次のようなことが書いてあります。

(1) a.　She loves me.（彼女はぼくのことを愛している）
　　 b.　(1a) の love は「〜を愛している」という意味で，これは，過去から現在を経て未来まで続いていく気持ちを説明している。このように同じ状況が続くことを説明する動詞を状態動詞と呼ぶ。　　　　　（石黒（監修）(2009: 61)）

ここからわかるように，状態動詞（言ってみれば「…(である)」動詞）というのは同じ状況が続くことを表すので，変化（つまり「…する」や「…になる」）をまったく意味に含まないわけです。このような動作動詞と状態動詞の違いを，Levin と Rappaport Hovav は次のように説明しています。

(2) a.　The most basic aspectual distinction is whether or not an event in the denotation of the verb involves change, i.e., whether a verb is dynamic or stative.

　　　　　　　　　　　　　　　　　　　（Rappaport Hovav (2008: 16)）

　　　　（最も基本的なアスペクトの区別は，動詞の表す事象が変化を含むか否かである。言い換えると，動詞が動的か静的かということである）

　　 b.　Manner and result verbs are dynamic, and all dynamic verbs involve change (Dowty 1979).[1]

　　　　　　　　　　　　　　　（Rappaport Hovav and Levin (2010: 28)）

---

[1] ちなみに，変化の有無による状態・非状態の区別を最初に明確にしたのは Dowty (1979: 163-186) です。

（様態動詞と結果動詞は動的であり，すべての動作動詞は変化
を含む）

さて，事象スキーマやそこから派生した意味表示では，様態の語根
がくっつく ACT が「... する」，結果状態の語根を取る BECOME
が「... になる」に対応していました。したがって，これらの意味を
いずれも含まない状態動詞の事象スキーマは，ACT，BECOME
のいずれも含まず，ある状態が存在することだけを示した（3）の
ようなものになります。そのため，語根がこの事象スキーマに組
み込まれる場合，状態の語根がどの述語とも関係せず単独で
<STATE> の位置に入ります。

(3)　[y <STATE>] (state)

(Rappaport Hovav and Levin (1998: 108))[2]

〔y が「...（である）」動詞〕

実はこのように，<STATE> という語根は本来「... である」という
状態を表します。これが BECOME の項になった場合，「... にな
る」を具体的に説明するはたらきをして結果状態を表すのですが，
結果状態も状態の一種だからつじつまは合っています。

以下では，具体的な状態動詞を順に見ていきます。

5.2.1.　参与者が一つの状態動詞

初めに，語彙固有の意味（つまり語根）に参与者が一つだけ含ま
れる状態動詞を見ていきます。これに相当すると考えられるのは，
何かがある場所に存在することを表すものです。何かが存在すると
いう場合，その存在物だけがあれば状況は成り立ちます。たとえ

---

[2] Rappaport Hovav and Levin (1998) では，状態動詞の事象スキーマに含ま
れる項を x にしていますが，この本では第 3 章の（15）と同じ理由で y にして
おきます。

ば，Does God *exist*?（神は存在しているのか）のように，存在することそのものを語彙化した動詞 exist の場合，存在物（上の例では God（神））だけが語根 <EXIST> 内に含まれる参与者となり，1 項述語（自動詞）となります。このような動詞の事象スキーマへの組み込みとそれによってできる意味表示は，exist を例に取ると以下のようになります。

(4)　*exist*「存在している」：

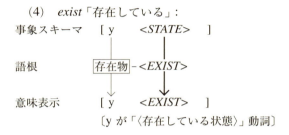

〔y が「〈存在している状態〉」動詞〕

では，英語におけるこのような動詞の実例を見ていきましょう。実際にはこの種の動詞は，存在する場所を表す語句を伴うことが多いです。

(5) a.　"It was known by the Russians that this deep Füh-rerbunker *existed*, and that Hitler already had spent one hundred five days inside it."

(Irving Wallace, *The Seventh Secret*: 73)

（「この深い総統地下壕が存在していることも，すでにヒトラーがそこで 105 日間過ごしていたことも，ロシア人には知られていたのだ」）

b.　The layered and fractured cliff *towered* above them.

(P. D. James, *The Lighthouse*: 407)

（何層にもなった割れ目のある崖が彼らの頭上にそびえていた）

c.　The island *lay* roughly north-east to south-west, some twelve miles from the mainland, the easterly side slightly concave. (P. D. James, *The Lighthouse*: 134)

（島は，ほぼ北東から南西へと広がっていて，本土から約 12 マイル離れていた。島の東側はわずかにくぼんでいた）

d. I steered with one hand and used my knees to hold the wheel in place. Luckily Wisconsin Avenue *ran* through the city in a relatively straight line.

(Laura Durham, *Better Off Wed*: 225)

（私は片手で運転し，膝を使ってハンドルを固定していた。幸いなことに，町を貫くウィスコンシン・アヴェニューは割とまっすぐ走っていた）

(5a) では総統地下壕が存在していたことを動詞 exist が表しています。これは破壊といった行為をしない限り過去から未来へと存在し続ける状況なので，状態動詞の特徴が当てはまります。(5b) では崖がそびえて存在することを動詞 tower が表し，その場所を above them（彼らの頭上に）という前置詞句が表しています。(5c) では島が広がって存在することを動詞 lie が表し，その場所を roughly ... mainland という副詞的目的格が示しています。(5d) では道路がある経路で存在することを動詞 run が表していますが，その場所を through the city（町を貫いて）という前置詞句が示し，経路の形状を in a relatively straight line（割とまっすぐの直線をなして）という前置詞句が明確にしています。これらの地形や道路も，何者かがそれらを破壊したり，それらが消滅するほどの災害が起こったりしない限り，過去から現在を経て未来まで存在し続けるので，これらの存在を表している動詞は状態動詞だということになります。つまり，何もない場合（つまりそれに対して何かをしたり，何かがそれに対して起こったりしない場合）にずっとそのままである状況が状態であり，そのような状況を表すのが状態動詞（「...（である）」動詞）なのです。

5.2.2. 参与者が二つの状態動詞

次に，語根に参与者が二つ含まれる状態動詞を見ていきます。これに相当すると考えられるのは，ある人・物・事と別の人・物・事の関係を表す動詞です。何らかの関係が存在するという場合，関係とはそもそも二つの人・物・事がもつ何らかのつながりのことなので，一つの人・物・事だけでは状況が成立しません。したがって，関係を表す動詞が描く場面（ひいては，そうした動詞の元になる語根）には必ず参与者が二つ存在します。そのため 2 項述語（他動詞）になります。このような動詞には，類似関係や包含関係を表す次のようなものがあります。

(6) a. "As late as 1950, American MPs zeroed in on a German male nurse in a Frankfurt-am-Main hospital, a man named Heinrich Noll, who very much *resembled* Hitler."　　　　　　　　(Irving Wallace, *The Seventh Secret*: 144)

（「1950 年になっても，アメリカ軍憲兵がフランクフルトの病院のとある男性看護師のところにやって来ました。ハインリッヒ・ノルという名前の男でしたが，ヒトラーにものすごく<u>似ていたんです</u>」）

b. The collection *included* a pentagon box containing iron brands, one of them the mythical Illuminati Diamond.

(Dan Brown, *Angels and Demons*: 537)

（所蔵品は五角形の箱を<u>含んでいた</u>。そこには鉄製の焼き印が入っていてその一つが伝説のイルミナティ・ダイヤモンドだった）

(6a) はヒトラーが第二次世界大戦後も生存していたという説が話題になっている場面ですが，何か（たとえば，顔の形が変わるほどの負傷をするなど）がこの男性看護師に起こらない限り，彼がヒトラーに対して外見上の類似性を有するという状況は存在し続けます。(6b) はヴァチカンの保管庫に納められているものの一部として五角形の箱が存在するという状況を描いています。この場合も，

誰かが箱を捨てたり，箱が何者かに奪われたりしない限り，この状況は存在し続けます。したがって，やはりこれらも状態で，それを表す resemble や include は状態動詞だということになります。

　では意味表示を考えてみましょう。これらの動詞は関係を表す以上，語彙固有の意味を表す語根に必ず二つの参与者を含むことになります。ところが，上の（3）で見た状態動詞の事象スキーマは y という項一つしか含んでいませんから，参与者のうち関係の主体がこれに対応します。一方，関係の対象になっているほうの参与者（つまり，（6a）だと Hitler（ヒトラー），（6b）だと a pentagon box（五角形の箱））は語根項 z になります。このような他動詞の状態動詞について意味表示のでき方を図示すると，次のようになります。

　（7）a.　*resemble*「似ている」：

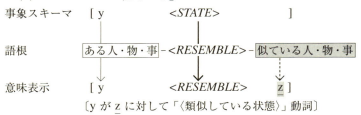

〔y が z に対して「〈類似している状態〉」動詞〕

　　　b.　*include*「含んでいる」：

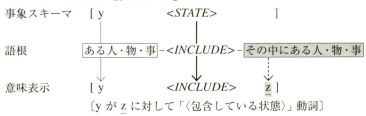

〔y が z に対して「〈包含している状態〉」動詞〕

　さて，以上で見てきた類似関係や包含（全体・部分）関係といった関係性ほど安定してはいないものの，人がある人・物・事に対して好きとか嫌いとかの感情を抱くという状況も，何も起きない（つ

まり，気持ちの変化が生じない）限り変化しないので状態だと言えます。したがって，好き嫌いを表す動詞 love（愛している），like（好きである），hate（嫌っている）なども状態動詞になります。

これに関しても英語の実例を示すと次のようになります。

(8) a. She knew that Fraser *loved* her, and she *loved* him. And yet there was something missing: a sense of excitement.

(Sidney Sheldon, *The Other Side of Midnight*: 120)

（フレーザーは彼女を<u>愛していた</u>し，彼女も彼を<u>愛していた</u>。それは彼女にもわかっていた。それでも欠けているものがあった。それはどきどきするような感覚だった）

b. A successful model, Lee had dozens of admirers, most of them wealthy. And Lee *liked* expensive things.

(Sidney Sheldon, *Morning, Noon and Night*: 77)

（売れっ子のモデルであるリーにはたくさんのファンがいたし，その大半が金持ちだった。それに，リーも高価な物が<u>好きだった</u>）

c. "He was a great actor and a good man, but he was weak. He *hated* the Nazi régime without having the courage to oppose it openly."

(Patricia Moyes, *Dead Men Don't Ski*: 101)

（「彼は名優でいい人でしたが，性格の弱い人でした。ナチス政権を<u>嫌っていました</u>が，公然とそれに反対する勇気はありませんでした」）

(8a) ではフレーザーと彼女が相思相愛であったことが描かれています。ここで描かれている恋愛感情は，いつ始まったのか概念化されておらず，しかも 2 人の心変わりがない限り存在し続けるものです。(8b) は売れっ子モデルであるリーの好みについて書いてある部分です。人の好みというのも，長い間かけていつの間にか形成され，ちょっとやそっとでは変化しないものなので，状態だと言え

ます。(8c) では彼がナチス政権に対して嫌悪の感情を抱いている
という状況があり，何も起こらない（つまり，彼の気持ちが変わら
ない）場合，その状況はずっと続いて変化しません。いずれも何も
なければ変化しない状況を表すので，love，like，hate は状態動詞
です。

　以上のような好き嫌いの感情を表す状態動詞の意味表示について
考えていきましょう。これらは状態なので，状態動詞のスキーマ
(3) にそれぞれの語根が関連づけられる形になります。これらも2
者間の関係を表すので，語根には二つの参与者が情報として与えら
れています。感情を抱いている人を表す参与者は，状態動詞の事象
スキーマに含まれる y によって指示されますが，感情の対象であ
る参与者は語根項として追加される z に対応します。これを動詞
love を代表にして図示すると次のようになります。

(9)　*love*「愛している」：

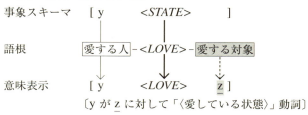

〔y が z に対して「〈愛している状態〉」動詞〕

　最後に，参与者の一方が人，もう一方が命題（proposition）（こ
れは，that 節や wh 節で表されるような「A は B だ」のような内
容のことです）の状態動詞について見ていきます。この種の動詞は
Dowty (1979: 66) が「命題目的語を取る認識動詞」(Cognitive
verbs with propositional objects) と呼んでいるもので，その代表
例が以下の例文に出てくるような動詞 know（知っている）や under-
stand（理解している）です。

(10)　a.　"I always *knew* I wanted to be an accountant.　When I got out of school, I went to work for the Bigelow & Benson Financial Corporation. Now I have my own firm."　　(Sidney Sheldon, *Morning, Noon and Night*: 161)

（「自分が会計士になりたかったのはずっと<u>わかっていた</u>んだ。学校を出ると，ビグロウ・アンド・ベンソン金融会社で働き始めた。今では自分の事務所を構えている」）

b.　Noelle did not for a moment underestimate the intelligence of the man sitting beside her, and she fully *understood* how dangerous was the adventure in which she was engaged.

(Sidney Sheldon, *The Other Side of Midnight*: 156)

（ノエルは同席している男の知能を少しも見くびっていなかったし，自分のしている冒険がいかに危険なものであるかも十分に<u>理解していた</u>）

(10a) では昔から自分が会計士になりたかったことを自覚していたと登場人物が述べている場面です。また (10b) では，ある作戦のために一連の行動を行っている間，それが危険なものであることをノエルがずっと理解していたことが示されています。あることを知っていたり理解していたりする状況というのは，一度そうなるとふつうずっと続いていくものです（一度知ったり理解したりしたことを，次の瞬間，知らない，あるいは理解しない状態になることは，通常の状況では考えられません）。したがって，そのままだと変化しない状況を表すこのような know, understand も状態動詞ということになります。

　ではこうした命題目的語を取る認識動詞の意味表示について考えていきましょう。これらは状態動詞のスキーマ (3) にそれぞれの語根が関連づけられる形になりますが，やはり語根に含まれる参与者は認識者と命題（つまり認識対象）の二つです。認識者を表す参与者は状態動詞の事象スキーマに含まれる y によって指示され，

命題を表す参与者は語根項として追加される z に対応します。これを動詞 know を代表にして図示すると次のようになります。

（11）　*know*「知っている」：

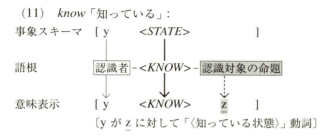

〔y が z に対して「〈知っている状態〉」動詞〕

　ここまでさまざまな状態動詞を見てきました。状態動詞の中には，類似関係を表す resemble（似ている）や全体・部分関係を表す include（含んでいる）のように，比較的安定した開始点のよくわからない状態を表すものもありますが，実はそれ以外の状態動詞，つまり好き嫌いを表す like, hate や，認識を表す know, understand には，開始点を明確にできる場合，そこに焦点を当ててその状態になることを表す用法があったりします。以下ではそれを見ていきます。

5.3.　状態動詞の起動相的解釈

　人間の好き嫌いというのは，何かをきっかけに急に生じることがあります。ここでまた，日本語の用例を使って考えてみましょう。好き嫌いを表す動詞「嫌う」の例文をまず見ます。

（12）a.　「ファイル名だけでは何のデータかわからないので，いちいち開いて確認しなければならない状態です」
　　　　　「なんで，そんなことになっているんだ」門脇が不機嫌な表情で訊く。
　　　　　「几帳面で，慎重な性格だったんでしょう。他人にデー

　　　　タを見られるのを嫌っていたんだと思います」

（麻見和史『虚空の糸』: 69）

　b.　要するに，河島兄弟の死があって初めて河島裕美の殺害
　　　が計画されたということである。河島裕美に遺産を分配
　　　することを嫌った人間がいる。

（高木彬光『神津恭介の復活』: 154）

（12a）では日本語の動詞「嫌う」が「嫌っている」という「ている」
を含む形で使われていて，ずっと「データを見られるの」がいやだ
という状況が続いていたことを表しています。このような状況は，
何もなければ変わらない状態だと考えられますので，この場合の
「嫌う」は状態動詞だと言えます。一方，（12b）では河島兄弟が死
んで河島裕美が遺産の分配対象になったときに，それを誰かがいや
だと思う状況が新たに生じたことを表しています。このようにある
種の状態変化を表す場合，日本語では「嫌った」という「ている」
を含まない過去形を用います。このような場合の「嫌う」は，そう
でない状態からそのような状態に変化したという結果を表すので，
状態動詞というよりもむしろ，[BECOME [y <*STATE*>]] の事象
スキーマで表される，「ようにする」を含まない結果動詞（到達動
詞，「... になる」動詞）の意味だと考えられます。
　　同じように状態動詞（「...（である）」動詞）が，状態変化を表す到
達動詞（「... になる」動詞）に変わる例としては，日本語の動詞「知
る」を挙げることができます。

（13）a.　これまでにも何度か遊びに行ったこともあって，店の場
　　　　所は知っていた。歌舞伎町の目抜き通りの一つ，靖国通
　　　　りから区役所通りに少し入った辺りの一角だ。

（楡周平『フェイク』: 28）

　b.　やがて酒がきた。朱実がちり紙をすすめるので意味を解
　　　しかねたが，それは指が濡れぬようコップを包むための
　　　ものであることを知った。一つ利巧になった，と丹那は

思った。　　　　　　　（鮎川哲也『戌神はなにを見たか』: 105）

　（13a）では店の場所を知っているという状況は前からずっと続いていてこの先も続いていくものなので，状態だと言えます。このような場合「知る」は状態動詞の意味になり，「知っていた」と「ている」を含む形になっています。一方，（13b）の場合，酒と一緒にちり紙をすすめられたことによって，それがコップを包む役割のものだということを知らなかった状態から知っている状態へと，丹那刑事の認識が変化したことを表しています。つまりこの場合は到達動詞（「... になる」動詞）です。ここで「知った」という「ている」を含まない過去形が用いられている点にも注意してください。まとめると，（13a）の「知っていた」は状態動詞，（13b）の「知った」は到達動詞だということです。

　このように日本語の場合，状態動詞を本来の状態の意味で使う場合「ている」を含む形にすることが多く，そのような状態になるという変化の意味で使う場合，「ている」を含まない形にしなければならないということです。

　こうした解釈の変化は，動詞の時間的性質に関する研究で起動相的解釈（inchoative interpretation）と呼ばれ，次のように説明されています。

（14）　Sentences may focus on the the beginning of a situation (inchoative Achievement).　　　　　　（Smith（1997: 18））
　　　　（文はある状況の開始点に焦点を当てることもある（起動相的到達動詞））

（15）a.　Bill knew the truth.　（Stative）
　　　　　（ビルは真相を知っていた）
　　　b.　Suddenly Bill knew the truth.　（Achievement）
　　　　　（突然ビルは真相を知った）

　　　　　　　　　　　　　　　　　　　　　（Smith（1997: 18））

ここで英語と日本語の差に注目してみましょう。日本語では上でも見てきましたし，(15a) と (15b) の日本語訳の違いにも現れているように，状態動詞の解釈の場合「ている」を含む形，到達動詞（変化）の解釈の場合「ている」を含まない形を使うことによって，二つの解釈のいずれであるかを明示することができます。ところが，英語では (15a) でも (15b) でも同じ knew the truth いう形を用います。実は，英語の状態動詞には日本語の「ている」の有無のような形の違いがふつうはなく，過去形はどちらの意味も表すことができるのです。

では，このような 2 通りの解釈，つまり本来の状態動詞（「...（である）」動詞）としての解釈とそのような状態に変化するという到達動詞（「... になる」動詞）の解釈は，どのような動詞に関して可能なのでしょうか。Rappaport Hovav and Levin (1998) では，次のように述べています。

(16) In fact, it is a widespread phenomenon that stative verbs have achievement interpretations. In English, this phenomenon is particularly well-documented for verbs of perception and cognition such as *see, know*, and *understand* (Dowty 1979), but it extends into other verb classes. (Rappaport Hovav and Levin (1998: 126))

（実際，状態動詞が到達動詞（achievement）の解釈をもつことは広く見られる現象である。英語でこの現象の例として特によく取り上げられてきたのは，知覚・認知を表す動詞，たとえば see, know, understand などだが，他の動詞クラスにも同様に当てはまる）

ここで挙げている認識を表す動詞 know, understand には確かにそのような現象がよく見られますが，それよりも先に上で見た好き嫌いを表す動詞について考えてみましょう。

上の (8) では動詞 like や hate はそれぞれ，「好きだった」「嫌っていた」という本来の状態動詞としての意味を表していました。と

ころが，以下の例では違います。[3]

(17) a. When he walked in the door and looked at Julia, he
said, "I know blind dates are always difficult.　I'm
rather shy myself, so I know how you must feel, Ju-
lia."

　　　　She *liked* him immediately.

　　　　　　　　　　　　(Sidney Sheldon, *Morning, Noon and Night*: 243)

　　　　（ドアから入ってジュリアのほうを見た彼は言った。「ブラインド
　　　　デートがどんな場合でも難しいものだということはわかってい
　　　　ます。僕自身も人見知りするほうなので，あなたがどんな気持
　　　　ちかわかりますよ，ジュリア」彼女はたちまち彼を好きになった）

　　b. Swinging into the entrance of Edgewater Estates, a cir-
cular, white-crushed-rock drive that wound around a
five-tiered fountain, Theodosia *hated* the place on
sight.　The building wasn't just the antithesis of Johns
Island.　Rather, it looked more like a retirement village
in south Florida.　　(Laura Childs, *Death by Darjeeling*: 74)

　　　　（急カーブして〈エッジウォーター・エステート〉の入り口を通
　　　　ると，白い砕石を敷きつめた環状の車道が五層の噴水のまわり
　　　　をぐるりと回っていた。セオドシアは見てすぐにその場所を嫌
　　　　いになった。建物はジョンズ・アイランドの雰囲気とはまった
　　　　く合わないだけでなく，むしろ南フロリダにある退職者用居住
　　　　区のように見えた）

(17a) では自分を安心させるような彼の言葉を聞いたジュリアが，
彼のことを好きになった状況が表されています。ここでは，imme-

---

　　[3]　どうして (17) に動詞 love の例がないのかというと，love を起動相的解釈
にする場合，それ専用の形である fall in love with ... があって，ふつうそちら
を使うからです。

diately（すぐに）という副詞の助けによって，これが純粋な状態ではなく，すぐにそのような状態になったという変化を表す起動相的解釈であることが明確にされています。(17b) では〈エッジウォーター・エステート〉という名の不動産屋を訪れたセオドシアがその場所を嫌っている状態になったことが描かれています。ここでも on sight（見てすぐに）という語句によって，状態ではなく変化であることが示されています。文脈から変化であることが読み取れる例もあるのですが，このように瞬時性を表す修飾語があると起動相的解釈（到達動詞の意味）であることが明確になります。ただし，文脈も修飾語もない場合，ふつうは状態の意味を表すので，変化の意味のほうが特殊で派生的な意味だと言えます。

　今度は認識を表す動詞 know, understand について見ていきます。上の (10) ではこれらの動詞がそれぞれ「知っていた」「理解していた」という状態動詞の意味で使われていました。しかしながら，以下の例では起動相的解釈によって到達動詞（「... になる」動詞）の意味に変わっています。

(18) a. Toby felt as though he had scored a victory.　But he wanted to do something big for Jill, something important.

　　　And he suddenly *knew* what it was going to be.

　　　　　　　　(Sidney Sheldon, *A Stranger in the Mirror*: 226)

　　　（トビーは勝利を収めたような気がしたが，ジルのために大きなこと，重要なことをしてやりたいと思っていた。そして，それがどのようなことになりそうなのか，突然わかったのだ）

b. As Theodosia lifted her cup to take a sip, her eyes fell upon the livid purple flowers banked so artfully on the cabinet opposite her. [...] Suddenly she *understood* what kind of poison had been used to kill Hughes Barron and how easily the deed had been accomplished.

(Laura Childs, *Death by Darjeeling*: 234)

（一口飲もうとカップを持ちあげたとき，セオドシアの目に留まったのは，向かいの棚にうまく並べてあるくすんだ紫色の花だった。[...] 突然，ヒューズ・バロンを殺すのに使われた毒がどのようなもので，その行為がいかにたやすく行われたのかを彼女は<u>理解した</u>）

(18a) ではあれこれ考えているうちに，トビーが突然 what 以下のことを「わかるようになった」，つまり「思いついた」という意味です。一方 (18b) ではセオドシアがトリカブトの紫色の花を見て，これまでの殺人事件の殺害方法がトリカブトの毒によるものであることを突然「理解した」場面です。これらの例ではいずれも，suddenly（突然）という副詞が使われ，後の文の状態動詞が起動相的解釈によって到達動詞になっていることを明確にしていますが，このような副詞がなくても文脈からそのような意味になることもあります。ただし，やはりこれらの動詞でも，文脈や修飾語がなければ，ふつうは状態の意味を表します。

5.4.　知覚動詞の特殊性

最後に，「物理的知覚動詞」（Physical perception verbs）と Dowty (1979: 66) で呼ばれている see, hear について考えていきましょう。これらの動詞の場合，好き嫌いや認識を表す動詞とは事情が異なり，特に過去形で使われた場合，純粋な状態動詞の意味で使われることはまれです。[4] 一般に小説でよく見られるのは，次のような例です。

---

[4] これは，知覚動詞 see や hear がそのままだとふつう瞬間的な知覚（＝到達動詞，「... になる」動詞）を表すからです。知覚の継続（＝状態動詞）を表すには「can＋知覚動詞」という形を用います。

(19) a. Kendall parked her car, and as she passed the little of-fice, through the window she *saw* a typewriter on a stand.　　(Sidney Sheldon, *Morning, Noon and Night*: 236)

（ケンダルは車を駐めて小さな事務所のそばを通り過ぎたが，その時窓越しに彼女の<u>目に入った</u>のは，台の上に置かれたタイプライターだった）

b. Samuel stared down at the dead guard, unable to be-lieve what he had done. He *heard* the voices from the barracks and he became suddenly aware of the terrible danger he was in.　　(Sidney Sheldon, *Bloodline*: 145)

（サミュエルは死んだ警備員をじっと見下ろしていたが，自分のしたことが信じられなかった。建物から声が<u>聞こえ</u>，彼は突然，自分が大変危険な状況にいることに気づいた）

（19a）ではケンダルが事務所の窓のそばを通過した際に，タイプライターが「見えた」（つまり見えていない状態から見えている状態に変化した）ことが表されています。また，（19b）では警備員を殺してしまったサミュエルが我に返って，声が「聞こえた」（つまり聞こえていない状態から聞こえている状態に変化した）という状況が描写されています。つまりこれらの例では動詞 see, hear はいずれもずっと前から続く状態ではなく，瞬間的に生じる状態変化を表す到達動詞（「... になる」動詞）として用いられているのです。この場合，特に瞬時性を表す修飾語を伴っていないことにも注意してください。ここからもわかるように，知覚動詞に関しては到達動詞の意味が基本なのです。

ただし，ごくまれに次のような例も見られます。

(20) a. We *saw* him <u>for a long time</u> in the moonlight until he was only a small speck moving swiftly among the boulders upon the side of a distant hill.

(Dolye, *The Hound of the Baskervilles*, Project Gutenberg)

（月明かりの下で彼の姿は長い間見えていたが，やがて小さな
点になって，遠く離れた丘の斜面にある岩の間をすばやく移動
していた）

b. We *heard* the barking for a while, and when it stopped,
we went back inside.

（https://books.google.co.jp/books?isbn=1462875491）

（しばらくその鳴き声が聞こえていたが，それが止むと我々は
また中に入った）

（20a）では彼の姿が「見えている状態」が長い間続いていたことが
描写されています。一方，（20b）では鳴き声が「聞こえている状態」
がしばらく続いていたという意味です。確かに，これらの例では動
詞 see, hear が純粋に状態を表していますが，このような意味は
for で始まる継続時間を表す時間副詞句をつけない限りふつうでき
ません。また，これらの例自体かなりまれで例外的なものです。[5]

つまり，知覚動詞 see, hear に関して言えば，好き嫌いや認識を
表す動詞の場合とは逆で，（19）のような変化（到達動詞）の意味
が基本で，純粋な状態の意味のほうが特殊だということになります。

5.5. 起動相的解釈の事象スキーマ

最後に，状態動詞が起動相的解釈をもった場合の意味表示につい
て考えます。状態動詞が本来の状態（「…（である）」動詞の意味）を
表している場合の事象スキーマは冒頭の（3）ですでに見ました。

（21）　[y <*STATE*>]（state）（=（3））
〔y が「…（である）」動詞〕

---

[5] この（20）のような例の解釈については第6章の6節でもう一度取り上げま
す。

一方，起動相的解釈（「... になる」動詞の意味）になっている場合
は，(12) の下のところで少し触れたように，(14)(15) も考え合
わせると，以下のような到達動詞（achievement）の事象スキーマ
になるはずです。

(22)　[BECOME [y <STATE>]]
　　　〔y が「... になる」動詞〕

問題はこの (21) と (22) が両方とも，好き嫌いや，認識，知覚を
表す同じ動詞によって表されるということを，どのように説明する
のかということです。

　Rappaport Hovav and Levin (1998) では，もともと状態動詞の
事象スキーマ (21) があって，「鋳型の増設」（template augmenta-
tion）という (21) に対して BECOME 述語を足し算する操作に
よって，(22) のような事象スキーマができると考えています。[6] そ
れによってこのような意味の変化が生じ，状態動詞（「...（である）」）
は，変化（到達動詞，「... になる」動詞）の意味をもつようになる
ということです。

(23)　Template Augmentation […] derives an achievement tem-
　　　plate from the state template through the addition of the
　　　predicate BECOME.

　　　　　　　　　　　　　(Rappaport Hovav and Levin (1998: 125))

---

　[6] この操作の名前が「増設」（augmentation）であることからもわかるように，
Levin と Rappaport Hovav の理論では事象スキーマや意味表示に対して行うこ
とができるのは足し算だけということになっています。つまり，(22) から BE-
COME を引き算して (21) を作るという操作は認められていないのです。この
ように考えるとどうしても，複数の意味をもつ動詞に関してどちらの意味が基本
なのかを考える際に，実際の用法でどうなっているのかではなく，事象スキーマ
が小さいほうが基本だと考えざるをえなくなります。これは大きな問題点だと考
えられていますし，そのせいか最近の Levin と Rappaport Hovav の論考では
「鋳型の増設」は全然出て来ません。

　　（鋳型の増設が，BECOME 述語を付け加えることによって，状態
　　動詞の鋳型から到達動詞の鋳型を派生する）

このような考え方では自動的に，状態動詞の意味が基本で，変化
（到達動詞）の意味はそれを何らかの規則（ここでは BECOME 述
語の付加）によって作り替えることで，新たに作られた派生的（発
展的・拡張的）な意味だということになります。これを図解すると
次のようになります。

(24)　[y <*STATE*>] ───────→ [BECOME [y <*STATE*>]]

　　　〔y が「...（である）」動詞〕　　　　〔y が「... になる」動詞〕

　　　　[基本]　　　　　+BECOME　　　　　　[派生]

そして，Rappaport Hovav and Levin (1998) は (16) で見たよう
に，動詞 see, know, understand のいずれの場合も一様に，状態
の意味が基本で，変化の意味が派生的（つまり，わざわざ何かの仕
組みによって作り出されるもの）だと述べているのです。このよう
な派生操作を仮定する場合，ふつうは，基本的な意味（(23) (24)
に従うと状態）が特別な文脈や修飾語がない場合（デフォルト的に）
用いられ，派生的な意味（(23) (24) に従うと状態変化）は，文脈
や修飾語などでそのような意味であることがわかる場合に出て来る
ということになります。この章の3節で見たように，好き嫌いを
表す動詞や，認識を表す動詞 know, understand に関しては，確か
にこのような見方が当てはまります。しかしながら，この章の4
節で見たように，知覚動詞の場合むしろ変化の意味のほうがふつう
なので，それを派生的と捉える (23) (24) の見方とは符合しない
ことになります。

　実は，このようないずれか一方の意味から他方を派生するという
やり方では，意味変化の方向性を必然的に考えざるをえないように
なりますが，複数の意味が同じ語に存在する場合に，このような方
向性が必ずしも明確ではない場合が多々あります。むしろ，方向性

が両方見られ片方だけを仮定できない場合もあります（これについては第8章の5節で状態変化動詞の自他交替を考える際にまた取り上げます）。この種の意味派生という仕組みによって，意味の変化を統一的に説明しようとすると，いろいろ矛盾が出てきて行き詰まるということが多いのです。このように複数の意味をもつ動詞をどう扱うべきかについては，後の第8章と第9章で詳しく考えていきます。

第6章　事象スキーマと語根ってどれだけあるの？

6.1.　はじめに

　第5章までのところで，様態動詞（「... する」動詞），結果動詞（「... になる（ようにする）」動詞），状態動詞（「...（である）」動詞）の事象スキーマと意味表示を，多くの動詞の具体例と共に見てきました。この章では，事象スキーマと語根が Levin と Rappaport Hovav が提示している理論内でどのような役割を担っているのかを見ていきます。

6.2.　事象スキーマ（事象構造鋳型）とその特性

　これまでにいろいろな動詞の語根が事象スキーマと関連づけられ，意味表示ができるさまを見てきました。これまでに出てきた事象スキーマは実は全部で4種類でした。[1] これ以外の事象スキーマというのはあるのでしょうか。

---

　[1] 4種類というのは，第2章の (13)〔x が y を「... になるようにする」動詞〕，第2章の (19)〔x が「... する」動詞〕，第3章の (15)〔y が「... になる」動詞〕，第5章の (3)〔y が「...（である）」動詞〕ですが，この章の (2)(3) でまた挙げてあります。

これに関して，Rappaport Hovav and Levin (1998: 107) や Levin (1999) は，事象スキーマの数が限られていて，その目録か一覧表 (inventory) のようなものがあると考えているようです。Levin (1999) がこのようなことを述べている部分をまず読んでみます。

(1) I assume that there is a small set of event [schemas] which comprise the inventory of possible event types. [...] I assume that the major distinction is between event [schemas] that are simple and those that are complex; the same distinction carries over to the event structures these [schemas] give rise to. Simple event [schemas] consist of a single subevent; complex event [schemas] are themselves constituted of two subevents, each taking the form of what could independently be a well-formed simple event [schema].　　　　　(Levin (1999: 229))[2]

　　　（私が仮定しているのは，少数の事象スキーマ一式があって可能な事象タイプの目録を構成しているということ，および，事象スキーマが大きく二つに区別され，単純なものと複合的なものがあるということだ。この同じ区別は，このような事象スキーマが生み出す［各動詞の意味表示がもつ］事象構造にも同じように適用される。単純事象スキーマは一つの下位事象からなる。複合事象スキーマはそれ自体が二つの下位事象からなり，それぞれの下位事象が取る形は独立して適格な単純事象スキーマとなりうるものである）

まずわかるのは，事象スキーマ（要するに，語根が関連づけられる

---

[2] Levin (1999) の元の記述では，(1) で event [schema]「事象スキーマ」となっている部分が，event structure template「事象構造鋳型」となっていました。Levin と Rappaport Hovav は Rappaport Hovav and Levin (2010) 以降，ずっと「事象スキーマ」という用語を使っているので，ここではそれに合わせて修正してあります。なお，[　] というカッコは，論文の引用内で元の記述を修正したり省略したりした部分に付ける慣例になっているものです。

意味的な鋳型のようなもの）は無限にあれこれあるわけではなく，決まった少数の形が一式（set）あるだけだということです。続けてLevin はそのようないわば目録になっている事象スキーマに，「単純」（simple）なものと「複合的」（complex）なものがあると言っています。ここで，提示されている事象スキーマの一式，つまり目録を見てみましょう。

(2)　単純事象スキーマ（simple event schema）:
　　a.　[x ACT$_{<MANNER>}$]　(activity)
　　　　〔x が「... する」動詞〕（行為動詞）
　　b.　[y $<STATE>$]　(state)
　　　　〔y が「...（である）」動詞〕（状態動詞）
　　c.　[BECOME [y $<STATE>$]]　(achievement)
　　　　〔y が「... になる」動詞〕（到達動詞）

（Levin (1999: 229)）[3]

(3)　複合事象スキーマ（complex event schema）:
　　[[x ACT] CAUSE [BECOME [y $<STATE>$]]]　(causative)
　　〔x が y を「... になるようにする」動詞〕（使役動詞）

（Levin (1999: 230)）

これが事象スキーマの目録，つまり一覧表であるということは，Levin と Rappaport Hovav の考えている事象スキーマが結局，(2a)(2b)(2c)(3) の4種類しかないということです。これにそれぞれの語根がどのように関連づけられるのかは，第4章と第5章である程度詳しく見ましたが，この章の後のほうでもう少し体系的に見ていきます。

　では，事象スキーマが単純であるとか複合的であるとかいうのはどういうことでしょうか。ここで (1) に出てくる下位事象（subev-

---

[3]　(2b) と (2c) で，Levin (1999) では項 x であったものを y に変えてあるのは，第3章 (15) で述べたのと同じ理由です。

ent) という言葉に着目していきます。この sub- という接頭辞が英英辞典でどのように定義されているのか見てみましょう。英英辞典では，subevent の sub- に相当する語義が次のように定義されています。

(4) (in verbs and nouns) a smaller part of something (*OALD*[9])
     ((動詞や名詞において) 何かのさらに小さな部分)
     subdivide「... をさらに細かく分ける，細分化する」
     subset「((数)) 部分集合」

したがって，下位事象 (subevent) というのは，ある事象 (event) の一部をなす構成要素だということになります。

　単純事象スキーマというのは，一つの事象スキーマから成り立っていて，内部に別の事象スキーマをそのパーツ (つまり下位事象) として含まないものをいいます。このようなことを言うと，(2c) [BECOME [y <*STATE*>]] の中には (2b) [y <*STATE*>] が含まれているから複合的じゃないのかという人もいるかもしれませんが，Levin と Rappaport Hovav はそのようには考えていないようです。では複合的とはどのようなことなのか？ これは一言で言うと，事象スキーマの接着剤のようなはたらきをする CAUSE 述語で，単純事象スキーマの目録に含まれているもの同士をパーツとしてつないだものだということです。だから，(2c) [BECOME [y <*STATE*>]] の中には確かに (2b) [y <*STATE*>] が含まれていますが，[BECOME ...] というのが単独で事象スキーマになれないという理由と，そもそも CAUSE を含んでいないという理由で，(2c) は複合事象スキーマにはならずに単純事象スキーマになるのです。

　複合事象スキーマに相当するのは，(3) で挙げられた事象スキーマだけです。この事象スキーマをよく見ると，CAUSE でつながれた前後に，それぞれ単独で単純事象スキーマになっている形が見られるのがわかります。図解すると次のようになります。

(5)　〔x が y を「... になるようにする」動詞〕

$$[[[\text{x ACT}] \text{ CAUSE } [\text{ BECOME } [\text{ y } \textit{<STATE>}]]] \quad (= (3))$$

$[\text{x ACT}_{\textit{<MANNER>}}] \quad (= (2a))$　　　$[\text{ BECOME } [\text{ y } \textit{<STATE>}]] \quad (= (2c))$
〔x が「... する」動詞〕　　　　　〔y が「... になる」動詞〕

つまり，(3) の事象スキーマは (2) に出てくる事象スキーマ二つ
をその構成要素として含んでいるのです。つまり本来は一つで一人
前の事象スキーマになれるものを CAUSE を使って複数つなげた
ものなので，複合的というわけです。そして，(3) の一部として含
まれている (2a) (2c) の事象スキーマは，(3) という事象 (event)
全体のうちの一部をそれぞれ構成しているので，「事象のさらに小
さな部分」となる事象ということになり，下位事象 (subevent) と
呼ぶのです。

　ちなみに，日本語の表記でも (3) が実は (2a) と (2c) を足して
つないだものになっていることに気づいた人もいるかもしれませ
ん。日本語だと「ように」の部分が cause に相当しています。

(6)　　〔x が y を「... になるようにする」動詞〕

　　〔x が「...する」動詞〕　　　〔y が「... になる」動詞〕

　さて，この (3) のような事象スキーマが意味するのは，[x ACT]
〔x が「する」〕[4] ことが原因 (cause) となって，[BECOME [y
<STATE>]]〔y が「... になる」〕という結果 (result) が生じること
です。ということは，二つの下位事象の間に因果関係が見られるわ

---

　[4] なお，ここで [x ACT] の ACT 述語に修飾語の <MANNER> が付いていな
い（あるいは，日本語の表記で〔x が「... する」〕ではなく〔x が「する」〕と「...」
という様態を表す部分が含まれていない）のは，このような事象スキーマと関連
づけられる状態変化動詞 open，break，kill などではそもそも様態が語彙的に指
定されていないからです。

けです。このような因果関係から，これまでこの本で（使役的）状態変化動詞と呼んできた open, break, kill は，Rappaport Hovav and Levin（2001: 783）にあるように，「語彙的使役動詞」（lexical causatives）と呼ばれることもあります。なお，Rappaport Hovav and Levin（2001: 783）は因果関係を明確にするため，[x ACT] を原因下位事象（the causing subevent），[BECOME [y <*STATE*>]] を結果下位事象（the result subevent）と呼んでいます。また Levin and Rappaport Hovav（1995: 83）にあるように，結果下位事象は複合事象のうち語根が関連づけられ意味的な中心となる部分なので，中心的下位事象（the central subevent）と呼ばれることもあります。

(7)　[[x ACT]　　　CAUSE　　　[BECOME [y <*STATE*>]]]
　　　原因下位事象　　　　　　　結果下位事象＝中心的下位事象

ここまでは事象スキーマについて見てきました。以下では事象スキーマと関連づけられる語根に目を向けます。

6.3.　語根とその特性

　上で見たように，事象スキーマは Levin と Rappaport Hovav によると4種類しか目録に載っていない，つまり形が四つに限られているということです。一方，語根はそうではないようです。

(8)　Although the set of event [schemas] is fixed, we assume that the set of [roots] is open-ended. [...] Each [root] is also associated with a name (i.e., a phonological string).

　　　　　　　　　　　　　　　(Rappaport Hovav and Levin (1998: 108))[5]

---

[5] ここでも (1) の場合と同じように，constant → root, event structure template → event schema という用語の修正を，[　] の部分で反映させてあります。

　　（事象スキーマの一式は数が決まっているが，我々の仮定によると
　　語根のほうはいくらでもある。各語根は語の名前（つまり音韻の
　　連なり）とも関連づけられる）

語根というのは語彙固有の意味を表す要素ですが，そもそも語彙は
無限にあるので，その固有の意味を表す語根も無限にないと困るこ
とになります。ここまでは当たり前のことを述べているような感じ
です。
　ここで重要なのは，各語根が名前と関連づけられているという部
分です。これがどういうことなのか確認するために，もう一度状態
変化動詞（語彙的使役動詞）open と dry の意味表示を見ます。こ
れらは <OPEN>, <DRY> という語根が（3）の使役動詞を表す複
合事象スキーマに組み込まれたものです。

(9) a.　[[x ACT] CAUSE [BECOME [y <OPEN>]]]
　　　　〔x が y を「〈開いている状態〉になるようにする」動詞〕
　　 b.　[[x ACT] CAUSE [BECOME [y <DRY>]]]
　　　　〔x が y を「〈乾いている状態〉になるようにする」動詞〕
　　　　　　　　　　　　(cf. Levin and Rappaport Hovav (2005: 71))

これらの意味表示を表した例文は次のようなものになります

(10) a.　Harry opened the door.（ハリーはドアを開けた）
　　 b.　John dried the clothes.（ジョンは洗濯物を乾かした）

ここで，(10) の動詞の「名前」(name)（つまり，どんな形態をし
ていてどのように発音されるのか）に注目してみましょう。(10a)
では opened となっていますが，これは (9a) の <OPEN> という
語根を元にしてこのようになっています。同様に，(10b) の dried
も (9b) の語根 <DRY> に由来しています。ということは，語根と
して < > で書かれる名前と，実際の動詞の名前（形・発音）が同
じでなければいけないということなのです。これは，今の語彙意味

108

論で共通の理解となっている事柄ですので，昔の生成意味論のような，kill の意味構造内に dead があるような分析や，look の意味構造内に see があるような分析は，今ではやらないことになっています。[6] したがって，(11a) に対する (11b) のような意味表示は間違いです。

(11) a.　John killed Mary.
　　 b. *[[x ACT] CAUSE [BECOME [y *<DEAD>*]]]
　　 b′. [[x ACT] CAUSE [BECOME [y *<KILLED>*]]]

(11a) の killed の元になる名前が (11b) の語根には入っていないといけないので，正しい意味表示は (11b′) のようになります。

　さて，語根自体は無限にありますが，その概念的な特徴によってある限られた数のグループ（型（type）やカテゴリー（category）と言うこともできます）に分類されます。つまり，語根は無限ではありますが，「無秩序にどんな概念でも表し，でたらめにできている」というわけではないのです。そして，どの分類に入るかによって，関連づけることのできる事象スキーマが決まってくるという特徴があります。以下ではそれを見ていきましょう。

(12)　A root's most important property is its ontological type. There is a small set of these types, which include state, stuff, thing, place, manner, and instrument.

(Levin and Rappaport Hovav (2005: 71))

（語根の最も重要な特性はその存在論的な型である。このような型は数が限られていて，状態，材料，物，場所，様態，道具などがある）

Levin と Rappaport Hovav は一連の研究で，語根の分類を説明するのに ontological（存在論的な）という難しい形容詞を使っていま

---

[6] このことは第 2 章の注 4 で簡単に触れてありました。

すが，これは結局，語根が表している概念がどのような物事の存在の仕方（つまり状況）を指し示しているのかということだと解釈できます。語根の存在論的分類として (12) で挙げられているもののうち，特に「状態」(state)（これはもちろん，変化によって生じる結果状態（result state）と，ずっと当てはまる持続的状態の両方を含みます）と「様態」(manner) に注目して以下では考えていきます。[7] これに従うと，語根が「状態」という存在論的型をもつ場合，事象スキーマ中の <STATE> の部分に組み込まれ，「様態」という存在論的型をもつ場合，事象スキーマ中の <MANNER> の部分に組み込まれるということになります。

　語根が含んでいるもう一つの重要な情報は，これまでにも見てきたように参与者の数です。これは Rappaport Hovav and Levin (1998) で次のように書かれています。

(13)　In addition, each [root] also determines the basic number of participants in the event it is associated with. For example, although both running and sweeping are activities, an event of running minimally involves the runner, while an event of sweeping minimally includes a sweeper and a surface because of the nature of sweeping itself.

　　　　　　　　　　　　　　　　　(Rappaport Hovav and Levin (1998: 108))[8]

---

　[7] 語根の存在論的分類がそもそも何種類あるのかというのも難しい問題ですが，Rappaport Hovav and Levin (2010) 以降の方向性を考慮に入れると，結局すべてメトニミー（あるものをそれと密接な関係にあるもので表現する比喩）に基づく捉え方をすることで，状態と様態に再解釈されるのではないかと思われます。具体的に言うと，材料や物，場所は，ある状態をそれに関連する物や場所でメトニミー的に表しているにすぎず，道具もある様態をそれに使う道具でメトニミー的に表しているにすぎないと考えられるからです。なお，状態はさらに，状態・結果状態・使役的結果状態の三つに下位区分すべきだということを，第9章で見ていきます。

　[8] ここでも (1) (8) の場合と同じように，constant → root という用語の修正

（その上，各語根は関連づけられる事象の基本的な参与者数も決定する。たとえば，run「走る」も sweep「掃く」も行為動詞（activity）だが，走る事象は「走る人」（runner）を最小限含んでいればいいのに対して，掃く事象は「掃く人」（sweeper）と「表面」（surface）の両方を最小限含んでいなければならない。これは掃くこと自体の性質による）

ただし，sweep（掃く）の参与者が二つであることを説明するのに，「掃くこと自体の性質による」という漠然とした言い方をしてもよくわかりません。これについてもう少し考えておきましょう。

第3章の2節，第4章の3節でも見たように，動詞の表す語彙固有の意味要素は，それぞれ何らかの場面を描き出して，つまり概念化して（conceptualize）います。そして，その場面に，あるやり方で何かをすること（つまり様態）なのか，それとも何かが何らかの状態であったり（つまり状態），そのようになったり（つまり結果）するのかといった情報や，その場面にどのような参与者が存在するのかという情報を含んでいることになります。これは，認知言語学で言うフレーム（frame）に相当すると考えられます。Goldberg（1995）の構文文法（construction grammar）は Levin と Rappaport Hovav が提示してきた語彙意味論とは少し違う枠組みなのですが，動詞固有の意味がどのようなものであるかを理解するには，参考となる情報をたくさん含んでいます。[9] それを以下では見ていきます。

Goldberg（1995）ではまさに，動詞そのものが表す固有の意味（この本の枠組みでは語彙固有で語根に含まれる意味）は，フレーム意味論（frame semantics）という，フレーム（frame）によって

を，[ ] の部分で反映させました。

[9] Goldberg の構文文法については，この本と同じシリーズの岩田（2012）で詳しく紹介されています。

表される意味だと言っています。それを少し見ていきましょう。[10]

(14)　Verbs [...] involve frame-semantic meanings; that is, their designation must include reference to a background frame rich with world and cultural knowledge.

It is typically difficult to capture frame-semantic knowledge in concise paraphrase, let alone in formal representation or in a static picture.　Still, it is indisputable that speakers do have such knowledge, as a moment of introspection should make clear.　　(Goldberg (1995: 27))

（動詞はフレーム意味論的な意味を含んでいる。つまり，動詞が表す内容には，世界知識や文化知識を豊富に含んだ背景フレームに関することが含まれていなければならない。

フレーム意味論的知識を短く言い換えて捉えるのは困難なのが典型的であり，まして形式的表示や静止画で捉えるなどありえないことである。それでも間違いなく，話者はそのような知識をもっており，これは少しでも考えればはっきりすることである）

ここで述べられているのは，動詞の語彙固有の意味がまさに，簡単には説明できないようなその動詞が描く場面・状況であるということです。そして当然その中には，参与者がどれだけいるのかという情報も含まれています。でも，そのような参与者（とその数）に関する情報はどうやったらわかるのでしょうか？（13）のように「...自体の性質による」などと言うだけでは何もわかりません。

　興味深いことに，Goldberg (1995) はこのような情報の見つけ

---

[10]「フレーム」(frame) は辻（編）(2013: 317) で次のように定義されています。

(i)　私たちの知識を構成する概念は，バラバラにあるのではなく，構造化され，まとまりをなしていると考えられる。[...]「フレーム」は概略「ある概念を理解するのに必要となるような背景的知識構造」と定義され，語はフレームを喚起し，その意味はフレームを背景にして初めて理解されると言える。

方として，以下のような枠に動詞を入れることを提案しています。

(15) Part of a verb's frame semantics includes the delimitation
of *participant roles*. [...] A useful heuristic for determin-
ing the basic meaning of a verb is to interpret the verb in
gerundial form in the following frame:
No ____ing occurred.
The number and type of participant roles implicitly un-
derstood to be involved in the interpretation of this ex-
pression correspond to the number and type of participant
roles in the frame semantics associated with the verb.
For example:
（動詞のフレーム意味論の一部は「参与者役割」［＝この本の枠組み
で言う参与者］がどんなものなのか限定する情報を含む。動詞の
基本的意味を決定するのに役立つやり方は，動詞を次のような動
名詞形の枠に入れて解釈してみることである。
「... することはまったく起こらなかった」
こうした表現を解釈するのに必要だと暗黙のうちに理解される参
与者役割の数とタイプが，動詞と関連づけられるフレーム意味論
における参与者役割の数とタイプに相当する。たとえば：）

(16) a. No kicking occurred. (two-participant interpretation)
（蹴ることはまったく起こらなかった）（参与者二つの解釈）

b. No sneezing occurred. (one-participant interpretation)
（くしゃみをすることはまったく起こらなかった）（参与者一つ
の解釈）

c. No rumbling occurred. (one-participant [sound emis-
sion] interpretation)
（ゴロゴロ鳴ることはまったく起こらなかった）（参与者一つの
［音放出の］解釈）

d. No hammering occurred. (one-participant [sound

emission] or two participant [impact] interpretation)

（ハンマーで打つことはまったく起こらなかった）（参与者一つ
の［音放出の］解釈か参与者二つの［打撃の］解釈）

e. No painting occurred. (two-participant interpretation
—either creation or coloring interpretation)

（ペイントすることはまったく起こらなかった）（参与者二つの
解釈—創造「絵を描く」か着色「ペンキを塗る」）

f. No giving occurred. (three-participant interpretation)

(Goldberg (1995: 43-44))

（与えることはまったく起こらなかった）（参与者三つの解釈）

Goldberg 自身も認めているように，put や devour などこの方法が
適用できない動詞もあります。それでも，多くの動詞に関して，参
与者が何であるのか直観的に判断する参考にはなるはずです。

6.4.　Rappaport Hovav and Levin による規範的具現化規則

　ここまで事象スキーマと語根について見てきました。ではそれを
踏まえて，語根が事象スキーマとどのように関連づけられるのかを
見ていきましょう。Rappaport Hovav and Levin は，語根がどの
ようなものであるのか（具体的には，様態なのか状態なのかといっ
たことです）によって，組み込まれる事象スキーマが異なることを
定式化して，規則（あるいは公式のようなもの）として挙げていま
す。その部分の説明を読んでいきましょう。

(17)　Rappaport Hovav and Levin (1998: 109) formulate 'ca-
nonical realization rules' as in [(19)], to express the ways
in which the ontological category of the root determines
its integration into an event schema.　Sample canonical
realization rules are given below; the right-hand side of
each rule provides a possible predicate decomposition in-

stantiation of the event schema associated with a root whose ontological category is specified in the left-hand side of the rule.　　　　(Rappaport Hovav and Levin (2010: 24))

(Rappaport Hovav and Levin (1998: 109) は (19) のような「規範的具現化規則」を定式化し，語根の存在論的カテゴリーによって語根の事象スキーマへの組み込まれ方がどのように決まるのかを示している。規範的具現化規則の見本は以下のようなものである。各規則の右側が示しているのは，事象スキーマがどのような述語分解の具体例になるのかということであり，それと結びつけられる語根の存在論的カテゴリーを指定しているのが規則の左側である)

ここで出て来る「規範的」(canonical) というのも難しい形容詞ですが，元の名詞は canon です。これはもともと神学用語で「教理典範，カノン《キリスト教的信仰および行為の規準》」(『リーダーズ英和辞典』(第3版)) を表すのですが，そこからもっと一般的な意味での「規範，規準」を表すことがあります。

(18)　a generally accepted rule, standard or principle by which something is judged　　　　　　　　　　　(*OALD*[9])

（何かを判断するのに用いる一般に受け入れられている規則，基準，原則）

ここでいう canonical はこの語義の形容詞形なので，「規範的具現化規則」(canonical realization rules) というのは，どのような語根がどの事象スキーマに組み込まれるのかを決める一般的な公式のようなものだと考えることができます。

　Rappaport Hovav and Levin の挙げている実際の規範的具現化規則としては，次のようなものがあります。

(19) a. manner → [x ACT_{<MANNER>}]

　　　　　(e.g. *jog, run, creak, whistle, ...*)

　　b. instrument → [x ACT_{<INSTRUMENT>}]

　　　　　(e.g. *brush, chisel, saw, shovel, ...*)

　　c. internally caused state → [y *<STATE>*]

　　　　　(e.g. *bloom, blossom, decay, flower, rot, rust, sprout,*
　　　　　...)

　　d. externally caused state →

　　　　　[[x ACT] CAUSE [BECOME [y *<STATE>*]]]

　　　　　(e.g. *break, dry, harden, melt, open, ...*)

　　　　　　　　　　　(Rappaport Hovav and Levin (1998: 109))[11]

　これらのうち（19d）の規則が適用される動詞は，これまでこの本で見てきた CAUSE を意味に含む（使役的）状態変化動詞 open, break, kill のことですが，外的原因（the external cause）によって状態変化が引き起こされることを表すので，「外的使役（による状態変化）動詞」(externally caused (change of state) verbs) と呼ばれます。

　一方（19c）は，今までに出て来ていない「内的使役（による状態変化）動詞」[12] (internally caused (change of state) verbs) です。これらの動詞は，第5章で見た好き嫌いを表す動詞 like, hate や

---

[11] ここでは Rappaport Hovav and Levin (1998: 109) が (20) (21) として挙げている規範的具現化規則を省略しています。そこで挙げられている動詞に関して Levin と Rappaport Hovav が現在までに具体的な分析を示していないこと，それらが事象スキーマの目録に含まれていない形への組み込みを提示していることから割愛しました。ただし，そういった動詞をこの本で導入している枠組みでどのように分析していくかは，今後の課題だと考えられます。

[12] 「内的原因による状態変化動詞」と訳されることもあります。なお，Rappaport Hovav and Levin の分析に従うと，状態の意味が基本で変化（到達動詞）の意味が派生的になるので，状態変化動詞と呼んでいることがそもそも正しいのかという問題もあります。

認識を表す know, understand と同じように，もともとは状態動詞
（「... （である）」動詞）ですが，起動相的解釈によって変化を表し到
達動詞（「... になる」動詞）になるとされています。ここで，具体
例を見ておきましょう。

(20) a. It was especially beautiful in the spring, when the
peach trees, which lined the shore, *bloomed* with pink
and rose-colored blossoms.　　　(Louis Sachar, *Holes*: 101)
（そこは春の間特に美しかった。桃の木が湖岸に沿って並び，
ピンクやバラ色の花を咲かせていたからだ）

b. She backfilled the planting hole with soil and replanted
her clump of irises, which *bloomed* beautifully the fol-
lowing season.　　　(*Oxford Sentence Dictionary*)
（彼女は植え穴を土で埋め戻すと，アイリスを寄せて植え直し
た。アイリスは翌年の開花期に見事な花を咲かせた）

(20a) では，冒頭の It が「グリーン・レイク」という大きな湖を指
しています。この湖が春に一番美しい理由を説明している部分なの
ですが，ここで用いられている動詞 bloom は，春の間ずっと変化
することなく「開花している」状況が続くことを表しているので状
態動詞（「... （である）」動詞）です。一方，(20b) では同じ動詞
bloom を使っていますが，この場合植え直したアイリスが翌年の
開花期に「開花していない」状態から「開花している」状態へと変
化したことを表しています。したがって，この bloom は到達動詞
（「... になる」動詞）になります。こうした内的使役による状態変化
動詞 bloom や blossom に関して，Rappaport Hovav and Levin
(1998: 125–126) では第 5 章の (23) でも触れた「鋳型の増設」とい
う仕組みを使って，状態動詞の事象スキーマに BECOME を足
し算することによって，到達事象のスキーマを導き出しています。
　さて，話を元に戻して，規範的具現化規則に関する説明の続きを
読んでいきましょう。

(21) Roots are integrated into event schemas as arguments (e.g. [(19c, d)]) or modifiers (e.g. [(19a, b)]) of predicates in the event schemas. Roots are italicized and in angle brackets; they are notated via subscripts when functioning as modifiers.　　(Rappaport Hovav and Levin (2010: 24-25))

（語根が事象スキーマに組み込まれる場合，事象スキーマ内で述語の項となる（たとえば (19c, d)）か，修飾語となる（たとえば (19a, b)）かのいずれかである。語根はイタリック体で山形かっこに入れられ，修飾語として機能する場合は下付き文字で記される）

これは第2章で見てきた内容を，規範的具現化規則による語根の事象スキーマへの組み込みという観点から述べているにすぎません。ただし，(2b) の状態動詞の事象スキーマへの組み込み（つまり，(19c) の規範的具現化規則）では，そもそも事象スキーマ内に述語が存在しませんから，述語がない場合には単独で項になるという記述を付け加える必要があります。[13]

　なお，なぜ様態（を表す）語根が ACT の修飾語になるのかについては，次のように説明されています。

(22) What kind of verbs have modifier roots? [...] Since manners can be viewed as modifiers of activity predicates, a root of ontological type "manner" is represented as a modifier.　　(Levin and Rappaport Hovav (2005: 72))

（どのような種類の動詞が修飾語となる語根を有するのだろうか？様態が行為述語の修飾語だとみなされる以上，「様態」の存在論的な型をもつ語根は修飾語として表示される）

書かれているのは要するに，様態というのは行為の修飾語だから，

---

[13] この点に関しては，第5章の2節で状態動詞の事象スキーマを (3) として導入したところでも，少しだけ触れてあります。

それを表す様態語根は意味表示内でも修飾語になるという当たり前のことだけです。これは結局，第2章の6節ですでに見たように，He acted strangely. の act に対する strangely の修飾関係が，動詞act を元にした基本述語 ACT と <*MANNER*> にも反映されているということにすぎません。

　一方，状態（を表す）語根は BECOME 述語の項になる（結果動詞の場合）か，単独で項になる（状態動詞の場合）かのいずれかです。BECOME の項になる場合は，第2章の5節で見たように，He became sick. で became が取る要素が sick であるという関係が，動詞 become を元にした基本述語 BECOME と <*STATE*> にも受け継がれ，BECOME の後にそれが取る要素（つまり述語 BE-COME の項）として状態語根が置かれるということです。

6.5.　移動結果動詞の規範的具現化規則

　さて，(19) で Levin と Rappaport Hovav が挙げている規範的具現化規則の例を見ましたが，そこには移動結果動詞 arrive, enter などに適用される規則は提示されていませんでした。実は，Levin と Rappaport Hovv は今日に至るまで，移動結果動詞の事象スキーマによる具体的分析は行っておらず，当然これらの動詞に対する具現化規則も明確には提示されていません。ただし，到達動詞arrive の意味表示がもつ事象構造自体は，[BECOME [y <*STATE*>]]〔y が「... になる」動詞〕になると Rappaport Hovav and Levin (1998) ではっきり述べられていますので，そこを見ていきましょう。

(23) a. The state associated with the achievement verb *arrive* is a particular (deictically determined) location, while the state associated with *notice* is something like 'be aware'. Unlike [causatives], achievements have a simple event structure given in [(23b)], which lacks the

causing subevent that characterizes [causatives].[14]

(Rappaport Hovav and Levin (1998: 123))

（到達動詞 arrive と関連づけられる状態がある特定の（直示的
に決定された）位置であるのに対して，notice と関連づけられ
る状態は「気づいている」のようなものである。使役動詞とは
異なり，到達動詞は (23b) の単純事象構造をもち，使役動詞を
特徴づける原因下位事象をもたない）

b.　[BECOME [y *STATE*]][15]

(Rappaport Hovav and Levin (1998: 124))

動詞 arrive や enter が CAUSE 述語で表される使役的意味をもた
ない「… になる」動詞だと考えられるため，(23b) のような事象ス
キーマと関連づけられるべきだということは，第3章の4節と5
節ですでに見ました。したがって (23a) は何か新しい情報が書い
てあるというよりは，すでに見てきたことの確認となります。これ
を踏まえて，移動結果動詞に対する規範的具現化規則を提示する
と，次のようになります。

(24)　directed motion (result of motion) →
　　　[BECOME [y *STATE*]]

(e.g. *go, come, arrive, enter, leave, fall, rise*, …)

(Demizu (2015: 93))

---

[14] ここでも [　] でくくって causatives（使役動詞）に変えてある部分は，原
文で accomplishments（達成動詞）となっています。ただ，Levin (1999) 以降，
Levin と Rappaport Hovav は「達成動詞」ではなく「使役動詞」という用語を
もっぱら使っているので，そちらに変えてあります。なお，達成動詞というのは
もともと，第4章の注5で言及した Vendler (1957) の用語です。

[15] ここでも事象スキーマの項を x から y に変えてあります。

6.6. 状態動詞の規範的具現化規則

　さらに，（19c）で規範的具現化規則が提示されている「内的使役による状態変化動詞」以外の状態動詞（「...（である）」動詞）に関しても，Levin と Rappaport Hovav による一連の研究では規則がいまだに提示されていません。第 5 章で見たように，好き嫌いを表す状態動詞 like, hate や 認識を表す状態動詞 know, understand, 存在を表す状態動詞 exist, lie などはいずれも，（2b）の [y <*STATE*>] という事象スキーマに関連づけられます。したがって，規範的具現化規則を立てるなら次のようなものになります。

(25)　state → [y <*STATE*>]
　　　　　（e.g. *exist, lie; love, like, hate; know, understand, ...*）

ただし，知覚動詞 see, hear については，この（25）はふつう適用されないと考えるべきでしょう。というのは，第 5 章の 4 節で見たように，これらの動詞は状態変化の意味が基本であるため，はじめから到達動詞の事象スキーマに組み込まれると考えたほうが妥当だからです。また（23a）で言及されている動詞 notice は，知覚動詞 see, hear が表すのと同じような知覚が，物理レベルというよりも精神レベルで起こったことを表します。そしてこの notice に関して Rappaport Hovav and Levin (1998) は，（23b）のような [BECOME [y <*STATE*>]]〔y が「... になる」動詞〕（到達動詞）の事象スキーマと関連づけられると（23a）で明言しています。したがって，これらすべてを含めた規範的具現化規則は次のようになります。

(26)　perception verbs → [BECOME [y <*STATE*>]]
　　　　　（e.g. *see, hear, notice, ...*）

　なお，このように考えると，第 5 章の（20）のように see や hear が can see [hear] の形にならず単独で状態を表している例はどうするのかという疑問が出てきそうですが，このような場合，動詞そ

のものがもともと状態動詞だと考えるよりも，むしろ直後にある for a long time（長い間），for a while（しばらく）のような継続時間を表す修飾語によって，状態動詞の解釈へと強制的に変えられているのだと考えるほうがいいのです。具体的に言うと，for で始まる時間句は継続を表すため，継続を表す部分しか修飾することができません。BECOME は瞬間的に「... になる」ことを表すので，for 句のかかり先にはなれません。そのため，到達動詞の事象スキーマ [BECOME [y *<STATE>*]] のうち，結果状態（result state）を表す [y *<STATE>*] の部分だけに無理やり for 句をかけて読むしかないことになり，見かけ上は状態動詞のような解釈になっているのだと考えられます。修飾語によってこのように動詞の解釈が無理やり変えられる現象は，動詞に本来見られる意味変化と区別して，意味的強制（semantic coercion）と呼ばれます。[16]

　以上で，これまで見てきた動詞の規範的具現化規則を全部見ました。実は，第1章の3節で見た「様態・結果の相補性」というのは，このような規範的具現化規則から自動的かつ必然的に導かれる結論なのです。ここからはそれを見ていきます。

---

　[16] for 句が同様に結果状態を修飾し，意味的強制を引き起こしている例としては，次のような動詞 notice に関するものが挙げられます。
　(i)　Jones noticed the mark on the wallpaper for a day or so.
　　　（Jones was aware of the mark for a day or so.）
　　　　　　　　　　　　　　　　　　　　　　　　（Kearns (2011: 163)）
　　　（ジョンにとってその壁紙の汚れが目に付いたのは1日ほどの間だった）
この場合もやはり，[BECOME [y *<STATE>*]] 全体が for 句のかかり先になれないので，結果状態を表す [y *<STATE>*] の部分だけに無理やり for 句をかけて読んでいます。この文は，壁紙の汚れを1日かそこらは意識していたが，その後は汚れが気にならなくなったという状況を表すのだと推察されます。

6.7. 様態・結果の相補性と規範的具現化規則

では，この本で冒頭からずっと見てきた様態動詞（行為動詞と移動様態動詞）と CAUSE を含む結果動詞（外的使役による状態変化動詞）の規範的具現化規則を，語根の組み込みを矢印で示した形で提示してみます。これらはいずれも動作動詞で，事象スキーマ内に動作を表す基本述語を含んでいます。

(27) a. manner → [x ACT$_{<MANNER>}$] （= (19a)）

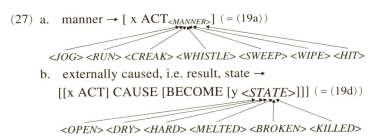

b. externally caused, i.e. result, state →
　　[[x ACT] CAUSE [BECOME [y $<STATE>$]]] （= (19d)）

<OPEN> <DRY> <HARD> <MELTED> <BROKEN> <KILLED>

(27a) ではすべての語根が ACT の修飾語となっています。この事象スキーマでは述語が ACT しかありませんから，語根はその修飾語になることしかできません。なので，これは特に問題がありません。一方，(27b) ではすべての語根が BECOME の項となっています。

ただし (27b) は複合事象スキーマなので他に ACT も含まれています。これらの語根が BECOME の項になると同時に ACT の修飾語にもなるということはないのでしょうか。つまり以下に図示するような語根の組み込まれ方というのはあり得ないのかということです。

(28) [[x ACT$_{<MANNER>}$] CAUSE [BECOME [y $<STATE>$]]]

<KILLED>

具体的に言うと，たとえば <KILLED> という語根は「相手に害と

なる行為をする」という様態と,「相手が死んだ状態になる」という結果状態の両方を語彙化していると考え, ACT の修飾語となるのと同時に BECOME の項にもなるという (28) のような語根の事象スキーマへの組み込み方を想定することはできないのかということです。

　結論から言うと, Levin と Rappaport Hovav はできないとしています。これは以下のように定式化されています。

(29)　The lexicalization constraint: A root can only be associat-
　　　ed with one primitive predicate in an event schema, as ei-
　　　ther an argument or a modifier.

　　　　　　　　　　　　　　　　　(Rappaport Hovav and Levin (2010: 25))
　　　（語彙化制約：一つの語根は事象スキーマ内の一つの基本述語との
　　　み関連づけられる。その場合, 述語の項となるか修飾語となるか
　　　のいずれかである）

ただし (21) のところでも触れたように, 事象スキーマ内に述語がなく状態語根が単独で項になることもあります。

　つまり恋愛関係の比喩を使って言うと, 語根というのは基本述語に対して「一途」であって,「二股をかける」ことはできないのです。もっと具体的に言うと, ACT 一途の様態語根（様態動詞の場合）と, BECOME 一途の状態語根（結果動詞の場合）と, 独り身の好きな状態語根（状態動詞の場合）だけが存在し, ACT と BECOME に二股をかけるような様態状態語根なるもの（およびそれを具現化した様態結果動詞）は認められないのです。

　さて, 英語でも日本語でも, 一つの動詞というのは一つの語根を事象スキーマに組み込んだ意味表示をもちます。語根の事象スキーマへの組み込まれ方には上で見たようなものしかなく, その結果として, 動詞は単独だと様態動詞, 結果動詞, 状態動詞のいずれかにしかなれないのです。

　話を動作動詞 (dynamic verbs) に限って言えば, 動作動詞の場

合，変化を表すので ACT か BECOME かその両方を必ず含みます。基本述語が事象スキーマ内に存在する場合，組み込まれる語根は必ず一つの述語とだけ関係をもちます。したがって，一つの語根からできる一つの動作動詞は，一つの様態語根が ACT を修飾することに由来する様態動詞か，一つの状態語根が BECOME の項になってできる結果動詞のいずれか一方しかなく，様態結果動詞というものはないのです。このことを定式化したのが，実は第1章で見た「様態・結果の相補性」だったのです。

(30)　MANNER/RESULT COMPLEMENTARITY: Manner and result meaning components are in complementary distribution: a verb lexicalizes only one.（= 第1章 (12)）

　　　　　　　　　　　　　　　　(Levin and Rappaport Hovav (2013: 49))

（様態・結果の相補性：様態・結果という意味構成要素は相補分布をなす。つまり，一つの動詞が語彙化するのはいずれか一方のみである）

6.8.　4種類の事象スキーマと7種類の意味表示パターン

ここまでやってきたことをまとめていきます。動詞の意味というのは，構造的部分（いろいろな動詞に共通し事象スキーマで表される部分）と，語彙固有の部分（それぞれの動詞が描く具体的な場面とその参与者を含む部分）からなっていました。動詞の意味表示というのは，語彙固有の部分を表す語根が，構造的部分を表す事象スキーマ内で ACT の修飾語になるか，BECOME の項になるか，単独で項になるかのうち，いずれかの方法で組み込まれることによってできるのでした（そしてこの3通りの組み込まれ方がそれぞれ，様態動詞，結果動詞，状態動詞に対応しているのでした）。

ここで四つの事象スキーマを見直してみると，含まれている項の数に違いがあることがわかります。具体的に言うと，複合事象ス

キーマ（3）だと，もともとそこに含まれていて意味表示で構造項
になる項が x と y の二つあるのに対して，他の三つの単純事象ス
キーマ（2）だとそうした意味表示で構造項になる項は x か y の一
つだけだということです。この違いは何か重大な意味をもっている
のでしょうか。

　実は項を二つもつ複合事象スキーマには，参与者が二つある語根
しか組み込めないという前提があるのです。これまでのところで，
語根の参与者のほうが事象スキーマの項より多い場合，語根から語
根項が補われることを見てきました。逆に，語根の参与者のほうが
事象スキーマの項より少ない場合は出てきませんでした。なぜだと
思いますか？

　実はそのような組み込み方が許されないので出て来なかったので
す。もし語根の参与者の数のほうが事象スキーマの項の数よりも少
ない場合，それに事象スキーマの項の数を合わせようとすると，事
象スキーマから x か y を含む部分をどこか引き算しないといけま
せん。しかし，どこかを引き算してしまうと，そもそも事象スキー
マという意味の鋳型になる部分の形が変わってしまいます。そうす
るとスキーマである意味がなくなってしまうので，このような引き
算の操作は考えられないのです。[17]

　ということは，〔x が y を「... になるようにする」動詞〕（使役動
詞）の場合，意味表示の項が二つとも構造項になるので，自動詞で
この意味を表す動詞はないということになります。英語ではこれが
一般に当てはまり，使役動詞は必ず他動詞になります。それ以外の
動詞では，全部事象スキーマの項が一つなので，参与者が二つだと
構造項一つ，語根項一つの意味表示をもつ他動詞になり，参与者が
一つだと構造項一つの意味表示をもつ自動詞になるということで
す。それぞれの事象スキーマと語根の組み合わせ，そこからできる
意味表示を表にしてまとめると，以下のようになります。

---

[17] これは第5章の注6でも簡単に触れてありました。

126

(31)	事象スキーマ	語根と動詞例	意味表示の例
i. 結果動詞	[[x ACT] CAUSE [BECOME [y <STATE>]]] 〔x が y を「... になるようにする」動詞〕（使役動詞）	開ける人 -<OPEN> 開けられる物・事 kill, break, open, 殺す, 壊す, 開ける	[[x ACT] CAUSE [BECOME [y <OPEN>]]] 〔x が y を「... になるようにする」他動詞〕
	[BECOME [y <STATE>]] 〔y が「... になる」動詞〕（到達動詞）	発見者 -<FOUND> 発見対象 入る人-<ENTER> 入る場所 find, notice, see, hear, enter, leave 見つける, 気づく, 目[耳]に入る, 入る, 去る	[BECOME [y <FOUND> z]] [BECOME [y <ENTERED> z]] 〔y が z に対して 「... になる」他動詞〕
		着く人 -<ARRIVED> 死ぬ人-<DIED> arrive, come, fall, die, appear, disappear 着く, 来る, 落ちる, 死ぬ, 現れる, 消える	[BECOME [y <ARRIVED>]] [BECOME [y <DIED>]] 〔y が「... になる」自動詞〕
ii. 様態動詞	[x ACT<MANNER>] 〔x が「... する」動詞〕（行為動詞）	掃く人-<SWEEP> 掃く表面 探す人 -<SEARCH> 探す場所 sweep, wipe, hit,	[x ACT<SWEEP> y] [x ACT<SEARCH> y] 〔x が y に対して 「... する」他動詞〕

		kick, search 掃く，拭く，殴る，蹴る，探す	
		走る人 –<RUN> run, walk, jog, work, wait 走る，歩く，ジョギングする，はたらく，待つ	[x ACT_{<RUN>}] [x ACT_{<WAIT>}] 〔x が「... する」自動詞〕
iii. 状態動詞	[y <STATE>] 〔y が「...（である）」動詞〕（状態動詞）	ある人・物・事 –<RESEMBLE> – 似ている人・物・事 resemble, love, hate, know 似ている，愛している，憎んでいる，知っている	[y <RESEMBLE> z] [y <LOVE> z] 〔y が z に対して「...（である）」他動詞〕
		存在物 –<EXIST> exist, tower, excel 存在している，そびえている，優れている	[y <EXIST>] 〔y が「...（である）」自動詞〕

　さて，事象スキーマに含まれている x や y といった項には，その事象構造内で果たす意味的な役割にちなんだ名前があります（専門的には，意味役割（semantic role）とか主題役割（thematic role）という用語を使います）。たとえば，[x ACT] の x というのは行為をおこなう人・物・事，つまり動作の主体を指すので動作主（agent）と言います。一方，[y <STATE>] の y（事象スキーマに元から含まれ，意味表示で下線の付いていない y）は特定の状態が当てはまる人・物・事を指し，Gruber（1976）以来主題（theme）と呼ばれて

います。[18] これらの用語はまた後の章でも出て来ますので，覚えておいて頂ければと思います。

　それ以外の項，つまり事象スキーマにはなく，意味表示内へと語根から追加された項（語根項）は，広い意味での対象を指します。それをもっと細かく分けて，John entered the room.（ジョンは部屋に入った）の意味表示 [BECOME [y <*ENTERED*> z]] の z（部屋）は着点（goal），John left the room.（ジョンは部屋を出た）の意味表示 [BECOME [y <*LEFT*> z]] の z（部屋）は起点（source），John hit Bill.（ジョンはビルを殴った）の [x ACT$_{<HIT>}$ y] の y（ビル，つまり「殴られる人」）は被動者（被動作主）（patient）とすることもありますが，そもそも語根項というものは，さまざまな動詞に共通する事象スキーマには存在せず，語彙固有の意味に由来するものなので，スキーマ的解釈に基づく一般的な役割名を付けることができないものが多いのです。[19] したがって，この本では語根項の意味役

---

[18] このように主題役割が事象構造における項の配置（つまり ACT の前や <*STATE*> の前といったこと）に名前を付けたものにすぎないことは，Jackendoff（1990）が次のように述べています。

(i)　In other words, thematic roles are nothing but particular structural configurations in conceptual structure; the names for them are just convenient mnemonics for particularly prominent configurations.

（Jackendoff（1990: 47））

（言い換えると，主題役割は概念構造における特定の構造的配置にほかならない。［動作主や主題といった］役割名は特に目立つ配置を表す便利な覚えやすい言い方にすぎない）

なお，Jackendoff（1990）の理論については，この本と同じシリーズの大室（2017）で詳しく紹介されています。

[19] このあたりの事情は，Levin（1999）が語根項を目的語とする他動詞（つまり単純事象構造をもつ他動詞）に関して次のように述べていることからも窺えます。

(i)　Furthermore, there are many English transitive verbs whose objects cannot be readily assigned roles from the most common semantic role inventories.　（Levin（1999: 224））

（しかも，英語に存在する他動詞の多くが取る目的語は，最も一般的な

割をこれ以上掘り下げて論じることはしません。

　この章まで事象スキーマと語根，意味表示の基本的な部分を見て
きました。でも，すごく基本的なのに取り上げなかった英語の文構
造があります。たとえば，移動様態動詞が前置詞句を取った場合
(He ran to the rear of the house.（彼は走って家の裏手に出た））（→第
3章注5，第7章）や，状態変化動詞が自動詞で使われる場合（The
door opened.（ドアが開いた）/ The stick broke.（棒切れが折れた））
(→第8章，第9章）については，あえて言及を避けてきました。実
はこれらの意味表示をどのようにすべきかに関して，いろいろな考
え方があるからです。以下の第7章から第9章では，このような
問題を取り上げていきたいと思います。

　　意味役割目録から容易に役割を割り当てることのできないものである）

第7章　移動様態動詞＋前置詞句はどうなるの？

7.1.　はじめに

　実は第3章の注5で，移動様態動詞 run の後に to の前置詞句が続いている（1）の例文を挙げてありました。この章では，このような文がどのような意味表示をもつのかを考えていきます。

(1)　He beat her face and chest until she collapsed on the stairs. Then he *ran to the rear of the house*, where he had parked his car.　(Olen Steinhauer, *The Bridge of Sighs*: 149)
　　　（彼に顔と胸を殴られた彼女は階段に倒れ込んだ。その後彼は<u>走って家の裏手に出たが</u>，そこに彼の車が駐めてあったのだ）

　まず移動様態動詞 run の意味表示を復習しておきましょう。これは様態動詞なので，（2）の事象スキーマに組み込まれるのでした。

(2)　[x ACT$_{<MANNER>}$]　(activity)　(＝第3章 (7)，第6章 (2a))
　　　〔x が「... する」動詞〕（行為動詞）

また，語彙固有の意味に含まれる参与者は「走る人」だけなので，事象スキーマの項の数と参与者の数が一致し，語根からの語根項の補充はおこなわれません。したがって，次のような意味表示になるのでしたね。

(3)　[x ACT$_{<RUN>}$] （＝第 3 章 (8)）

　　　〔x が「〈走る様態で〉する」動詞〕

でも，to the rear of the house（家の裏手に）はどう扱えばいいので
しょうか？

　そこで，以下ではまず 2 節で着点を表す前置詞の意味表示を考
えます。続く 3 節，4 節で移動様態動詞＋前置詞句に対する使役分
析を概観し，それがなぜ不適切なのかを事象構造に基づいて考えて
いきます。5 節では使役分析が当てはまると考えられる例外的な移
動様態動詞の使役用法を少しだけ見ます。さらに 6 節で，移動様
態動詞＋前置詞句が自動詞であることを説明するために Levin と
Rappaport Hovav によって導入された事象の同一認定（coidentifi-
cation）という仕組みを見ていきます。最後の 7 節と 8 節では，
Demizu（2015）の第 4 章を新しい考察を加えながらやさしく説明
し直す形で，英語の移動様態動詞＋前置詞句を日本語に直訳すると
不自然になる理由を示します。具体的には，Talmy による移動事
象の類型論を見た後，英語のような表現方法は事象の同一認定とい
う仕組みがあって初めて可能になること，日本語にはそのような仕
組みがないことを明らかにしていきます。

7.2.　着点を表す前置詞句の事象スキーマと意味表示

　さて，問題になるのは to the rear of the house（家の裏手に）とい
う着点（goal）を表す前置詞句です。これによって表されているの
は，走る様態で移動した後の結果状態（つまり，どこにいる状態な
のか）です。ということは，この着点句は実質的に移動結果動詞と
同じ状況を表すわけです。このような前置詞と移動結果動詞の意味
的な共通性に関しては，生成意味論が盛んだった頃にすでに指摘さ
れています。たとえば，Becker and Arms（1969）では英語の前置
詞 to がインドネシア語で arrived と訳されることから，これらが

同じ意味を表し，同じ基底構造（underlying structure）（ここでは
意味表示だと考えてください）に由来するとしています。

(4)　For instance, the English sentence,

　　　He ran to the river.

　　can be expressed in Bahasa Indonesia as

　　　Dia berlari sampai sungai.

　　'He ran arrived river'

　　What is in English a sequence of verb plus preposition is
　　in Indonesian a sequence of two verbs.

　　　　　　　　　　　　　　　　　　　　　(Becker and Arms (1969: 7))

　　（たとえば英語の He ran to the river. という文はインドネシア語
　　で Dia berlari sampai sungai.（彼は走って川に着いた）と表現で
　　きる。英語で一続きの動詞＋前置詞になっているものが，インド
　　ネシア語では二つの動詞の連続になっている）

同じことは外国語への翻訳だけでなく，英語の言い換え関係によっ
ても示すことができます。たとえば，英語では（5a）のほうがふつ
うの言い方ですが，（5b）のような例も探せば見つかります。

(5)　a.　I walked down the dock to the boat.
　　b.　I walked down the dock and arrived at the boat.
　　　　（私は埠頭を歩いてボートにたどり着いた）

この場合も，to the boat（ボートへ）と and arrived at the boat（ボー
トにたどり着いた）が同じことを表しています。

　　ここまで前置詞 to が動詞 arrive（もっと正確に言うと arrive at
全体）と同じ状況を表せることを見てきました。そこからさらに考
えを進めると，前置詞 to は移動結果動詞 arrive の他動詞版のよう
な意味を表すということになります。

　　以上で見てきたことに基づいて，前置詞 to が事象スキーマに組
み込まれて意味表示を生じるとすればどのようなものになるのかを

考えてみましょう。同じ状況を表すのであれば同じ事象スキーマに組み込まれるはずです。移動結果動詞の事象スキーマは，使役的でない（「ようにする」を含まない）結果動詞なので（6）になるのでした。

    (6)   [BECOME [y <*STATE*>]]（achievement）(＝第 6 章（2c））
         〔y が「... になる」動詞〕（到達動詞）

前置詞 to が着点を表す場合，移動する人・物・事（つまり主題（theme））と到着する場所（つまり着点（goal））の二つを参与者として含む状況を表します。したがって，語根 <*TO*> にはこれら二つの参与者の情報が含まれることになります。（6）の事象スキーマの項は y だけなので，到着する場所を表す参与者は語根項 z に対応します。以上を図示すると（7）のようになりますが，移動結果動詞について示した第 4 章の（7）とそっくりであることを確認しておきましょう。

    (7)   *to*「... へ」：(→第 4 章の（7）)

(Demizu（2015: 166）)

〔y が z に対して「〈着いている状態〉になる」前置詞〕

---

[1]　ここでは前置詞 to の目的語が語根項 z に対応しています。でも語根項は復元可能であれば省略可能なので，to の目的語がない形（つまり副詞 to）によって文脈からわかる着点への到達を表す用法もあるはずなのですが，実際にはなく，副詞 to は「元の状態・位置に」という特殊な意味しか表せません。これは第 4 章の注 6 で動詞 find について述べたのと同じ問題で，今後考えていく必要があります。

これを規範的具現化規則によって示すと次のようになります。

(8) goal preposition → [BECOME [y <*STATE*>]]

(e.g. *to, into, across, over, through, ...*)[2]

これで前置詞句の部分は意味表示が作れました。でも，He ran to the rear of the house.（彼は走って家の裏手に出た）の全体はどういう意味表示になるのでしょうか。以下では，先行研究でどのような分析が提示されているのか見た上で，それが妥当なのか，この本の枠組みではどのように扱うべきなのかを見ていきます。

7.3. 移動様態動詞＋前置詞句は使役動詞か？

このような形は，かつて使役動詞〔x が y を「... になるようにする」動詞〕として分析するのが一般的でした。たとえば，動詞と前置詞句の意味分析をおこなった生成意味論の論文 Geis（1970）では，移動様態動詞 walk が to の着点句を伴った例を次のような樹形図によって分析しています。

---

[2] across, over, through の場合，文脈から場所がわかる場合，目的語を取らずに副詞として使うことができますので，目的語が表す着点が語根項に相当するという分析と確かに整合します。ただし to, into に関しては前置詞用法のみしかないので，問題が残ります。

(9)　Judy walked to the park.

（ジュディーは歩いて公園へ行った）

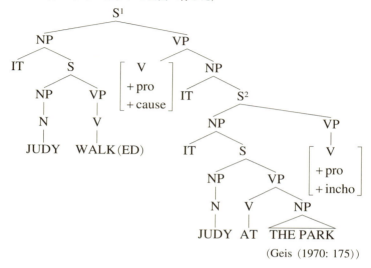

(Geis (1970: 175))

　第2章でも書いたように，生成意味論はすでに廃れた理論なので
この図の細かな部分は触れずにおきます。ただ，ここで [V, ＋pro,
＋cause] となっているのが CAUSE，[V, ＋pro, ＋incho] となっ
ているのが BECOME に相当することは知っておいてください。
つまり，(9) の構造は「JUDY WALKED ということが引き起こす
のが，JUDY AT THE PARK という状態になることだ」という意
味を表しています。これは，ここまで見てきた事象スキーマへの語
根の組み込みによってできる意味表示だと，第4章の (8) で見た
状態変化動詞（語彙的使役動詞）同様，次のようになります。

136

(10) *walk to the park*「歩いて公園へ行く」:

〔xがyをzに対して「〈着いている状態〉になるように〈歩く様態で〉する」動詞〕

実際このような分析はある時期までは一般的でした。しかしながら，元の Judy walked to the park. には Judy が1回しか出て来ないのに，(9) の樹形図や「JUDY WALKED ということが引き起こすのが，JUDY AT THE PARK という状態になることだ」という言い換えで JUDY が2回出てきていることに注目してみましょう。このようなことに関して，Van Valin and LaPolla (1997: 101) は，Carl ran to the store.（カールは走って店に行った）という文を 'Carl's running caused him to arrive at the store.'（「カールの走ることが，彼が店に到着することを引き起こした」）と言い換えて使役動詞（causative）として分析するのは妥当でないとし，以下のように述べています。

(11) [...] it is not a valid causative paraphrase, because there are more NPs (three) in the paraphrase than in the sentence being paraphrased (two). A valid paraphrase would be 'Carl ran and arrived at the store'.

(Van Valin and LaPolla (1997: 101))

（これは妥当な使役的言い換えではない。というのも，言い換えの中に，言い換えられる文（にある二つの名詞句）よりも多くの（三つの）名詞句があるからだ。妥当な言い換えは「カールは走って，その結果店に着いた」になるだろう）

ということは，(9) (10) のような分析は間違いだということにな

ります。実は，(10) のような事象構造をもつ意味表示があるとすれば，それを具現化した文は，Judy walked to the park. ではなく Judy walked herself to the park. になります。なぜなのかを以下で見ていきましょう。

7.4.　下位事象一つにつき項一つという条件

　第 4 章の 2 節と 3 節で，同じように参与者が二つであっても，様態動詞（行為動詞）の場合は目的語省略が可能であるのに対して，状態変化動詞（語彙的使役動詞）の場合は不可能であることを見ました。

(12)　a.　Leslie swept (the floor). (≒第 4 章 (4))

　　　　　（レズリーは（床を）掃いた）

　　b.　*Kelly broke again tonight when she did the dishes.

　　　　　（皿を洗っていてケリーは今夜また割った）(＝第 4 章 (9b))

　　　　　(Levin (2000: 425), Rappaport Hovav and Levin (2001: 779))

その理由としては，目的語に相当する y が，様態動詞の場合は事象スキーマになく語根から補われる語根項であるのに対して，状態変化動詞の場合元から事象スキーマにある構造項であるからだということが挙げられていました。でもここで第 6 章の冒頭で見た事象スキーマの目録を見直してみましょう。すると，実は下位事象の数と元から事象スキーマにある項の数が一致していることがわかります。

(13)　単純事象スキーマ (simple event schema): (＝第 6 章 (2))

　　a.　[x ACT$_{<MANNER>}$] (activity) →下位事象一つ，項一つ

　　　　　　下位事象 1

　　　　〔x が「... する」動詞〕（行為動詞）

b. [y <*STATE*>] (state) →下位事象一つ，項一つ

　　下位事象 1

　　〔y が「...（である）」動詞〕（状態動詞）

c. [BECOME [y <*STATE*>]]（achievement）→下位事象一つ，
　　　　　　　　　　　　　　　　　　　　　　　　　項一つ

　　　　　下位事象 1

　　〔y が「... になる」動詞〕（到達動詞）

(14)　複合事象スキーマ (complex event schema)：(＝第 6 章 (3))

　　[[x ACT] CAUSE [BECOME [y <*STATE*>]]]　(causative)

　　下位事象 1　　　　　　　　下位事象 2 →下位事象二つ，項二つ

　　〔x が y を「... になるようにする」動詞〕（使役動詞）

つまり，目的語省略の可否を説明する場合，構造項と語根項という区別に基づいて説明する以外に，下位事象の数がその意味表示を具現化した文の中になくてはならない名詞句の数と一致するという言い方で説明することもできます。これは，Levin と Rappaport Hovav によって 2000 年前後に出版された論文の中で，(15) の条件として提示されています。

(15)　THE ARGUMENT-PER-SUBEVENT CONDITION:
　　There must be at least one argument XP in the syntax per subevent in the event structure.

　　　　(Levin (2000: 425)，Rappaport Hovav and Levin (2001: 779))
　　　　（下位事象一つにつき項一つという条件：事象構造内の下位事象一つにつき，統語レベルで少なくとも一つの項 XP がなければならない）

統語レベルの項というのは，文法的な主語や目的語のことだと考えておいてかまいません。端的に言うと，複合事象構造は必ず他動詞になり，単純事象構造は主語さえあればよい（自動詞でもよいし，語根項に相当する目的語を伴う他動詞でもよい）ということになり

ます。[3]

(16)　If this condition is correct, argument realization patterns should reflect event complexity, in that event structures with two subevents must give rise to sentences with both a subject and an object, while simple event structures would give rise to sentences that require only a subject.

(Rappaport Hovav and Levin (2001: 779))

（この条件が正しければ，項の具現化パターンは事象の複合性を反映するはずである。具体的に言うと，二つの下位事象をもつ事象構造は主語と目的語をもつ文を生み出すことになるのに対して，単純事象構造は主語のみを要求する文を生み出すことになるだろう）

さて，(12a) の表面接触動詞 sweep と，(12b) の状態変化動詞 break は，それぞれ次のような意味表示をもっていました。

(17)　a.　$\underbrace{[\text{x ACT}_{<SWEEP>}\ \underline{\text{y}}]}_{\text{下位事象1}}$ （＝第4章 (1a)）

　　　　　〔x が y に対して「〈掃く様態で〉する」動詞〕

---

　[3] 「複合事象構造が必ず他動詞になる」ということは，英語に関しては基本的に当てはまると考えてよいでしょう。しかしながら，「単純事象構造は自動詞でもよい」ということは，第4章の注6で触れた他動詞 find や，本章の (7) (8) で取り上げた着点を表す前置詞の一部 (to, into) には当てはまりません。また，[y <RESEMBLE> z] の事象構造をもつ他動詞 resemble にも自動詞用法がありませんし，Goldberg (2010: 47) が指摘しているように様態動詞で [x ACT_<TOUCH> y] の意味表示をもつはずの他動詞 touch も *She touched. のように自動詞用法で使うことができません。つまり，単純事象構造である (13a) (13b) (13c) のいずれに関しても，自動詞用法をもたない（つまり語根項が義務的に表現される）動詞が存在するわけです。この事象構造の複雑性と統語レベルで必要な項の数のずれが生じる場合をどう説明するかは，今後の課題だと考えられます。

b.　[[x ACT] CAUSE [BECOME [y *<BROKEN>*]]]

　　下位事象 1　　　　　　　　下位事象 2　　　（=第 4 章（10））

　　〔x が y を「〈壊れている状態〉になるようにする」他動詞〕

したがって，（12）のような違いは，（15）の条件を使うと（18）の
ように説明することもできるわけです。

(18)　Given the argument-per-subevent condition, verbs of
　　change of state are expected to always be transitive, while
　　verbs of surface contact and motion are not, even though
　　they describe events with two participants. In fact, verbs
　　of surface contact and motion allow unspecified objects,
　　while verbs of change of state do not.

　　　　　　　　　　　(Rappaport Hovav and Levin (2001: 779))

　　　（下位事象一つにつき項一つという条件を考えると，状態変化動詞
　　　はいつも他動詞になるが，表面接触動詞は二つの参与者をもつ事
　　　象を記述していてもそのようなことはないと予測される。実際，
　　　表面接触動詞は未指定の目的語を許容するが，状態変化動詞は許
　　　容しない）

7.5.　移動様態動詞は使役動詞になるのか？

　3 節では（10）のような事象構造が，Judy walked to the park.
に対するものとしては間違いだと言いました。そのことを（15）の
条件を使って説明してみましょう。（10）の意味表示に関して，
（17）と同じように下位事象の数を示すと次のようになります。

(19)　[[x ACT$_{<WALK>}$] CAUSE [BECOME [y <*TO*> z]]]

<u>下位事象 1</u>　　　　　　　<u>下位事象 2</u>

〔x が y を z に対して「〈着いている状態〉になるように〈歩く様態で〉する」動詞〕

この場合，下位事象が二つなので（15）に従うと（16）で述べられているように主語と目的語をもつ文が生み出されることになります。Judy walked to the park. のようなふつうの移動様態動詞＋前置詞句の文は目的語がないので，このような意味表示を具現化したものとしてはありえないのです。

　ただし，「歩く」という動作が非常に困難で，自分を使役して何とか歩かせているような状況を表す場合，walk の後に再帰代名詞が現れることがあります。実際の例を見てみましょう。

(20)　When they were out of the room, Marvin woke up and noticed that he was alone. He reached up to move his IV machine so he could go to the bathroom, as he stood up he was in pain. Marvin slowly *walked himself* to the bathroom.

　　　Too prideful to call for a nurse, he walked by himself. He felt as if he could take care of himself. Marvin entered the restroom.

　　　　　　　（https://books.google.co.jp/books?isbn＝1463435584）

　（彼らが部屋を出て行ってしまうと，マーヴィンは目を覚まし自分が一人であることに気づいた。彼は手を上に伸ばして点滴の機械を動かし，自分がトイレに行けるようにした。立ち上がりながら彼は痛みを感じた。マーヴィンはゆっくりと自分を歩かせてトイレに行った。

　　プライドが高くて看護師を呼ぶことができない彼は何とか一人で歩いた。自分のことは自分でできるような気がしたのだ。マーヴィンはお手洗いに入った）

この例ではマーヴィンが本来ならとても歩ける状態ではないのに，看護師を呼ぶのが嫌だったので無理やり痛いのを我慢してトイレに歩いて行ったことが描写されています。痛みのために言うことを聞かない自分の体を何とか無理やり歩かせるというニュアンスがあるので，ここで表されている意味はまさに使役動詞（〔x が y を「...になるようにする」動詞〕）です。そして x と y が同じ人物を指すため，y は himself という再帰代名詞によって表現されています。これはまさに（10）（19）の意味表示の具現化なわけです。

7.6.　事象の同一認定と移動様態動詞

では結局，Judy walked to the park. に対する意味表示はどのようなものになるのでしょうか。これが目的語を伴わない自動詞だということは，単純事象構造をもっているはずです。しかし，移動様態動詞 walk と着点を表す前置詞 to はいずれもそれぞれが単純事象構造をもっているので，そのまま CAUSE でつなげば（10）（19）で示したような複合事象構造ができてしまいます。そもそも（下位）事象が一つとか二つとかいうのはどういうことなのでしょうか。

Levin and Rappaport Hovav は事象を以下のように定義しています。

(21)　We can say that a verb lexicalizes a set of properties which are temporally anchored and that a happening in the world with this set of properties is considered to be an event.　　　(Levin and Rappaport Hovav (1999: 212))
（さしずめ，一つの動詞が語彙化するのは時間的にまとまったひと組の特性であり，世の中の出来事がこのひと組の特性を備えていれば一つの事象とみなされるといったところだ）

ここで重要なのは時間的なまとまりです。一つの事象というのは時間的にまとまって起こる複数のことを，ひとまとめにして捉えたも

のなのです。ということは，二つの別々の事象と捉えられるはずの
ことが，あまりにも自然に一体化していれば，ひとまとめに捉えら
れるのではないかという考えが出てきます。Levin and Rappaport
Hovav (1999) は Judy walked to the park. のような再帰代名詞を
伴わない移動様態動詞＋前置詞句という形を，（再帰代名詞という
衣をまとっていない）裸 XP 結果構文と呼んでいて，それがまさに
このような「二つの下位事象になりうるものをひとまとめにして捉
えた一つの事象」（つまり単純事象）を表すのだとしています。そ
して，このようにふた組の事象として捉えられるものをひとまとめ
にして捉え直し，一つの事象として再解釈する仕組みを，事象の同
一認定（event coidentification）と呼んでいます。

(22)　[...] this happening can potentially be conceptualized as
　　　involving two distinct events. Nonetheless, we argue that
　　　the relation between the constituent events—i.e., the two
　　　temporally anchored sets of properties—is tight enough
　　　that the two sets of properties can be conceptualized as
　　　being properties of a single event, allowing a simple
　　　event structure for bare XP resultatives. We say that bare
　　　XP resultatives are represented as simple events in event
　　　structure terms as a result of the COIDENTIFICATION
　　　of the constituent subevents.

　　　　　　　　　　　　　　(Levin and Rappaport Hovav (1999: 213))
　　　（もしかするとこの出来事は二つの別個の事象を含むものとして概
　　　念化できるかもしれない。それでも我々の主張によると，構成要
　　　素となっている事象間の関係（つまり時間的にまとまったふた組
　　　の特性）が十分に緊密な場合，そのふた組の特性は単一の事象の
　　　特性として概念化でき，それによって裸 XP 結果構文に単純事象
　　　構造を割り当てることが可能となる。言ってみれば，裸 XP 結果
　　　構文の意味表示は事象構造の点から言うと単純事象であり，構成

144

要素となっている下位事象の同一認定（coidentification）の結果そうなるのだ）

ここで言っているのは結局，二つの下位事象として捉えられCAUSE でつなぐこともできる（たとえば (10) (19) の意味表示とその具現化 (20) のように）ものを，いわば「横に並べて」CAUSE でつなぐ代わりに，「縦に並べて」一体化しているものと捉え，重ね合わせて一つの事象として概念化するということです。ただしLevin と Rappaport Hovav はいまだに，このようにして同一認定された事象が，事象スキーマからできるどのような意味表示をもつのか明らかにしていません。唯一示されているのは，Kim ran into the room.（キムは走って部屋に入った）に対する以下のような事象スキーマに基づかない意味表示です。

(23)　∃ e [RUN-INTO (e) & AGENT-THEME (e, Kim) & GOAL (e, room)]⁴　　　(Rappaport Hovav and Levin (2001: 782))

この意味表示は平たく言うと，一つの事象 e が存在し RUN-INTO がその事象で，Kim はその事象に関わって動作主（agent）（これは何か「する人」を指し [x ACT] の x に相当します）かつ主題（theme）（移動する人・物・事のことで [y BECOME] の y に相当します）の役割を果たし，room はその事象に関わって着点（goal）の役割を果たすということです。ここで重要なのは，RUN-INTO というように [x ACT$_{<RUN>}$] と [y BECOME $<INTO>$ z]] が一体化し，なおかつその中の動作主 x と主題 y も一体化しているということです。移動様態動詞 walk と着点を表す前置詞 to の組み合わせを，(23) を参考に事象スキーマに基づく意味表示によって図示

---

⁴ ∃ は存在量化子（existential quantifier）と呼ばれる記号で，∃ x と書くと「以下の式に出て来る x が少なくとも一つは存在する」という意味を表します。ここでは x に相当するものが e なので，「一つの事象が存在し ...」というふうに解釈しているのです。

してみると次のようになります。

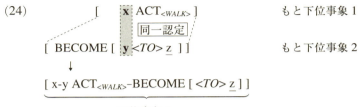

(24)　　　　　　　　[　　**x** ACT$_{<WALK>}$]　　　　　　　もと下位事象 1

　　　　　　　　　　　　　　同一認定

　　　　　　[BECOME [**y** $<TO>$ z̲]]　　　　　もと下位事象 2

　　　　　　　　↓

　　　　　　[x-y ACT$_{<WALK>}$-BECOME [$<TO>$ z̲]]

　　　　　　　　下位事象 1

　　〔x-y が z に対して「〈歩く様態で〉して-〈着いている状態〉
　　になる」動詞〕

このようにしてできた事象構造は，結果的に下位事象の数が一つに
なりますので，(15) (16) に従うと自動詞になります。そのため，
Judy walked to the park. の意味を正しく表示していると言えるで
しょう。

　ただし，このような事象の同一認定はどのような場合でもできる
わけではありません。Levin and Rappaport Hovav (1999) は事象
の同一認定が行われるための以下二つの条件を提示しています。

(25)　a.　The subevents must have the same location and must
　　　　　necessarily be temporally dependent.
　　　　　（二つの下位事象は同じ場所で生起し，必ず時間的な相互依存
　　　　　関係がなければならない）

　　　b.　One subevent must have a property that serves to mea-
　　　　　sure out that subevent in time; this property is predi-
　　　　　cated of an entity that is necessarily a participant in
　　　　　both subevents.
　　　　　（一方の下位事象が備えている特性が，その下位事象の時間的
　　　　　尺度となっていなければならない。この特性は両方の下位事象
　　　　　に必ず共通する参与者となる実体について述べるものとなる）

　　　　　　　　　　　　　(Levin and Rappaport Hovav (1999: 213))

Judy walked to the park. や Kim ran into the room. の場合，移動
様態動詞 walk, run が表す下位事象と前置詞句 to the park, into
the room の表す下位事象は，(25a) に述べられている通り同じ場
所で生起します。また，(25b) で述べられている両方の下位事象に
共通する参与者は Judy や Kim のような移動する人（つまり動作
主であり，かつ主題でもある人）です。さらに，移動様態動詞の表
す移動の時間的な終結点を前置詞句の表す下位事象が画定（delim-
it）していますが，これによって (25a) の言うように二つの下位事
象は時間的相互依存関係をもち，前置詞句の表す下位事象が移動す
る人に関して述べている位置が (25b) に従う形で時間的尺度になっ
ています。したがって，これらの事象は (25) の条件を満たしてお
り，同一認定されます。

7.7. 移動動詞の類型論と日本語の表現方法

　ではこのような事象の同一認定のような，二つの下位事象となり
うるものを一つの事象として解釈する仕組みは，日本語にもあるの
でしょうか。実はないと考えられますが，それは後で見ていきま
す。

　まずここで，上の (1) (9) や (23) の上のところで，日本語訳が
英語の直訳になっていないことに注目してみましょう。もしこれら
を「ジュディーは公園に歩いた」「キムは部屋の中に走った」と直
訳すると，絶対に言えないというほどではないにせよ，どこか不自
然です。実は，「移動様態動詞＋移動結果動詞 or 着点の前置詞」の
ような意味要素で表される，様態と結果状態の両方を含む移動を表
す場合，英語と日本語でもっともふつうに使われる形が違うので
す。上で挙げた英文とその日本語訳を，様態と結果状態がそれぞれ
文のどのような要素によって表現されているか図解すると，(26)
のようになります。

(26) a.　Judy walked to the park.　　b.　Kim ran into the room.

意味　　　　様態　　結果状態　　　　　　　　様態　　結果状態
文法　　　　動詞　　修飾語　　　　　　　　　動詞　　修飾語

a'. ジュディーは歩いて公園へ行った。 b'. キムは走って部屋に入った。

意味　　　　様態　　結果状態　　　　　　　　様態　　結果状態
文法　　　　従属節　動詞部分（主節）　　　　従属節　動詞部分（主節）

ふつう英語では様態を動詞，結果状態を前置詞句の修飾語で表しますが，日本語では様態を「連用形＋て形」の従属節，結果状態を動詞とその修飾語からなる主節で表します。つまり，どちらを文の主要素（動詞や主節）とし，どちらを従属要素（修飾語や従属節）にするのかが，英語と日本語では逆になるのです。

　このような違いは，もっとさまざまな世界の言語にも当てはまりますが，以下ではそれを体系化した Talmy (1985, 2000) の研究を見ていきます。

7.7.1.　移動事象全体（マクロ事象）の意味的構成要素

　まず，Talmy (1985) は，「移動様態動詞＋移動結果動詞 or 着点の前置詞」で表される移動には，中心的な四つの構成要素と，それにおまけのようにくっつく様態などの外在的事象があるとしています。

(27)　The basic motion event consists of one object (the 'Figure') moving or located with respect to another object (the reference-object or 'Ground'). It is analyzed as having four components: besides 'Figure' and 'Ground', there are 'Path' and 'Motion'. [...] In addition to these internal components a Motion event can have a 'Manner' or a 'Cause', which we analyze as constituting a distinct external event.　　　　　　　　　　　(Talmy (1985: 60-61))

（基本的な移動事象を構成するのは，ある物（「図」）が別の物（参照物，つまり「地」）に対して，移動するか位置づけられるかということであり，四つの構成要素からなると分析される。「図」「地」以外には，「経路」と「移動」がある。これらの内在的構成要素に加えて，移動事象が有しうるものとしては「様態」や「原因」があり，我々はこれらが別個の外在的事象を構成すると分析する）

これを（26）で見た各文に関して示すと次のようになります。

	（26′）	構成要素	(26a)	(26b)
内	中心的な四つの構成要素	図（figure）	Judy, ジュディー	Kim, キム
		地（ground）	the park, 公園	the room, 部屋
		経路（path）=結果状態	to the park, 公園へ行った	into the room, 部屋に入った
		移動（motion）	walked, 行った	ran, 入った
外	外在的事象	様態（manner）	walked, 歩いて	ran, 走って

さらに，中心的な四つの構成要素（内在的構成要素）とおまけのような外在的事象を合わせた（つまり複合的な）移動事象全体のことを Talmy (2000) ではマクロ事象（macro-event）と呼んでいます。

(28)　A crosslinguistic comparison strongly suggests that there is a fundamental and recurrent category of complex event that is prone to conceptual integration and representation by a single clause, a type here termed a macro-event.

(Talmy (2000: 216))

（さまざまな言語の比較結果から強く示唆されているように，複合事象には基本的でよく見られるカテゴリーがあり，それは概念的な統合によって単一の節によって表示されることが多い。ここでマクロ事象（macro-event）と呼ぶようなものである）

そして，Talmy（1985）で中心的な四つの構成要素（内在的構成要素）としていたものを，Talmy（2000: 217-219）ではマクロ事象内の主事象だと考え，それがマクロ事象全体のあり方に枠をはめるようなはたらきをすることから枠付け事象（framing event）と名付けています。

(29)　Relative to the whole, the main event provides or determines certain overarching patterns. Thus, the main event can be said to perform a framing function in relation to the macro-event. Hence, our term for it is the framing event.　　　　　　　　　　　　　　　　　　（Talmy（2000: 219））
　　　（[マクロ事象] 全体に関して，主事象はある支配的なパターンを与えたり決定したりする。したがって主事象はマクロ事象に関して枠付け機能を果たしていると言える。それゆえ，我々はそれを指すのに枠付け事象という語を用いる）

さらに，そのような枠付け事象のうち特に重要な部分である地と経路を合わせて，中核的スキーマ（core schema）と呼んでいます。これを（26）（26'）で見た様態と結果状態と重ね合わせると，次のように図解できます。

(30)　マクロ事象（＝複合事象，移動事象全体）

以上からわかるように，複合的な移動事象（Talmy の言うマクロ

150

事象）が存在する場合，意味的に見れば，結果状態が中心（つまり枠付け事象）で，様態はその外側にある従属要素（つまり，おまけの修飾語のようなもの）だということになります。

7.7.2. 移動事象を表す統語構造の構成要素

　次に移動を表すマクロ事象がどのような文によって表現されるのか（専門的な言い方をすると，どのような統語構造を取るのか）を見ていきます。これに関して Talmy (2000: 101–105) はちょっと面白い言い方をしています。たとえば He ran past.「彼は走って通り過ぎた」という文だと，ran や「通り過ぎる」という動詞が文の中心になっていますが，この動詞に付随する英語の副詞 past や日本語の従属節「走って」のような要素を，動詞を取り巻く要素という意味で動詞の衛星（satellite）と呼んでいます。ところで，英語では同じ past を前置詞として使って He ran past my house.（彼は走って私の家の前を通り過ぎた）のように言うことも可能です。でも Talmy は名詞句・前置詞句は衛星ではないと述べています。

　とはいうものの Beavers et al. (2010: 336–339) にも書いてあるように，いずれの英文でも ran が様態を表し past (my house) が結果状態を表すので，違う呼び方をするのはあまり意味がありません。そこで，今日の語彙意味論の研究では，衛星という用語を Talmy のオリジナルな使い方よりも広く捉えて，前置詞句を含めた動詞に対する修飾語をすべて衛星と呼ぶことがあります。この本でもそれに従って，He ran past (my house). の past (my house)，つまり副詞と前置詞句両方を衛星と呼びます。

　以上をまとめると，複合的な移動事象を表現する文構造が存在する場合，形から見れば（つまり統語的な観点から言うと），動詞が中心で，英語の前置詞句や日本語の「連用形＋て形」のような衛星はその外側にある従属要素（つまり，おまけの修飾語）だということになります。

7.7.3.　動詞枠付け言語と衛星枠付け言語

　さて，Tamly（2000: 212）はこのような移動のマクロ事象がどのような文構造によって表現されるのかに関して，世界の言語が大きく二つにわけられるとしています。具体的に言うと，この枠付け事象内の中核的スキーマ（特に「経路」と「地」）を，動詞を中心とする部分で表すのか，動詞を取り巻く部分（つまり衛星（satellite））で表すのかに関する違いです。なお，このように意味構造を文構造（統語構造）によって表すことを，意味から統語への写像（mapping）と呼ぶことがあります。[5]

　日本語はフランス語やスペイン語と同様に，枠付け事象を移動結果動詞とその修飾語からなる主節（つまり文の主要素）で表し，外在的事象である様態を衛星（つまり，「連用形＋て形」の従属節やジェロンディフなどの従属要素）で表します。動詞が枠付け事象を表すことになるので，このような表し方をする言語は「動詞枠付け言語」（verb-framed language）と呼ばれます。一方，英語はドイツ語や中国語と同様に，枠付け事象を衛星（つまり副詞・前置詞句や方向補語などの従属要素）で表し，外在的事象である様態を移動様態動詞が表すことになります。このように衛星が枠付け事象を表現する言語は「衛星枠付け言語」（satellite-framed language）と呼ばれます。

　ここからさらに面白いことがわかります。日本語の場合，意味的に主要な枠付け事象を，文の構造上も主要な動詞を中心とする主節が表し，意味的におまけの従属要素である様態を文の構造でもおまけの従属節「連用形＋て形」が表します。つまり，意味的な重要性

---

[5] 写像というのはもともと数学用語で，ある集合の要素を別の集合の要素に対応させる（結びつける）ことを言います。意味構造を一つの集合，統語構造を別の集合だと考えることによって，ある意味要素がある統語構造内の要素によって表されることを，数学で言うところの，集合間における要素の対応関係のようなものだと見なしているわけです。

とそれを表す文の構成要素の重要性が一致しています。意味的な重要性が文構造にも反映されているわけです。これを意味と形が同じ型をもっているという意味で「同型的」(isomorphic) と呼ぶことがあります。

　一方，英語の場合，意味的に主要な枠付け事象を文の構造上は修飾語に相当する副詞・前置詞句が表し，意味的におまけの従属要素である様態を文構造の中心である動詞が表します。ということは，意味的な重要性とそれを表す文の構成要素の重要性が（なんと！）逆転しているわけです。

　以上を表にまとめると以下のようになります。

(31)	動詞枠付け言語 （日本語）	衛星枠付け言語 （英語）
意味的に重要な（主要素である）枠付け事象	文構造の中心（主要素）である主節（動詞を中心としその修飾語も含めた部分）で表す	文構造において単なる修飾語（従属要素）にすぎない副詞・前置詞句によって表す
意味的に単なる修飾語（従属要素）にすぎない外在的事象の様態	文法的にも単なる修飾語にすぎない，付帯状況を表す従属節（従属要素）「連用形＋て形」によって表す	文構造の中心（主要素）である動詞で表す
表し方の特徴（意味的な重要性の違いを文構造がきちんと反映しているかどうか）	意味的な主要素が文構造上も主要素によって表されている＝同型的な写像 (isomorphic mapping)	意味的な主要素が文構造上は従属要素によって表され，意味的な従属要素が文構造上は主要素によって表されている（＝意味と文法で主従関係が逆転）＝非同型的 (non-isomorphic) な写像

以上で見てきたように，（26）で図示した英語と日本語の違いに関
して言えば，日本語のほうが意味的な構造をそのまま素直に表現し
ていることになります。

（32）　マクロ事象（＝複合事象，移動事象全体）

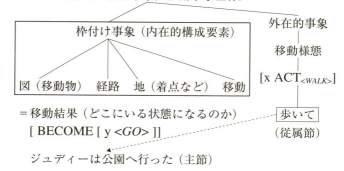

つまり日本語の場合，二つの事象として捉えられた移動結果（主要
素）と移動様態（従属要素）が，その主従関係を保持したまま主節・
従属節という二つの節からなる文の形で表現されているのです。
　一方，英語の場合，意味的な主従関係と文構造上の主従関係が入
れ替わっているように見えますが，実際には事象の同一認定によっ
て，事象スキーマに組み込まれる前に二つの事象が一体化している
と考えられます。以下ではそれを見ていきます。

7.8.　写像調整の仕組みとしての事象の同一認定

　英語で移動のマクロ事象を表す構造というのは，マクロ事象をそ
のまま反映した（つまり同型的に写像した）ものではなく，意味と
文構造で主従関係が逆転しているように見えるものでした。しか
し，そもそも英語では，日本語のような主節・従属節という主従関
係からなる二つの節ではなく，自動詞を用いた一つの節によって表
現されています。ということは，単に意味から文構造へ写像する際

に主従関係を入れ替えているのではなく（それだったら英語でも二つの節になるはずです），事象の同一認定によって，写像前の意味表示レベルですでに枠付け事象と様態の外在的事象が一体化していると考えられます。

　具体的に言うと，(24)で「もと下位事象1」と書いてあった様態が [x ACT$_{<WALK>}$]，「もと下位事象2」と書いてあった前置詞句が [BECOME [y <*TO*> z]] の意味表示に相当します。それが以下で図解しているように，写像前にあらかじめ事象の同一認定によって一体化し，一つの下位事象 [x-y ACT$_{<WALK>}$-BECOME [<*TO*> z]] になっているのだと考えられます。そして，このように一体化したものをそのまま文構造に移し替えたものが Judy walked to the park. です。つまり，Talmy の言う衛星枠付け言語には，意味表示レベル（移動のマクロ事象そのもの）に適用される事象の同一認定という仕組みが存在し，それによって，意味と文構造で主従関係が入れ替わったように見える一つの節からなる構造ができるということです。

(33)　マクロ事象（＝複合事象，移動事象全体）

さらに，日本語でこれをそのまま写像した「ジュディーは公園に歩

いた」が不自然だということは，日本語，ひいては Talmy の言う
動詞枠付け言語には事象の同一認定の仕組みが存在しないことを示
していると結論づけることができます。そのため，動詞枠付け言語
では，移動のマクロ事象に含まれる各下位事象（枠付け事象と様態
の外在的事象）を，主従関係を反映したままそれぞれの節へと写像
していくことしかできないのだと考えられます。

　以上で，Talmy による衛星枠付け言語と動詞枠付け言語という
区別を，事象の同一認定という操作の有無によって説明できること
を見てきました。具体的に言うと，英語のような衛星枠付け言語の
場合，移動のマクロ事象を構成する二つの下位事象（枠付け事象と
様態の外在的事象）が同一認定され，同一認定によって生じた一つ
の事象が一つの節へと写像されます。その結果，見かけ上は意味構
造と文構造（統語構造）で主従関係が逆転しているわけです。一方，
日本語のような動詞枠付け言語の場合，同一認定の仕組みはありま
せんから，移動のマクロ事象を構成する二つの下位事象は（同一認
定されて一つになったりせずに）そのまま二つの節へと写像されま
す。具体的に言うと，主事象である枠付け事象が主節へと写像さ
れ，様態の外在的事象は「連用形＋て形」のような従属節へと写像
されます。つまり二つの下位事象が，主従関係を保持したまま二つ
の節へと写像されることになります。

　以上で Demizu (2015) の第 4 章で展開した複雑な仕組みをさら
に発展させ，新たに節の数の問題にも言及しながら，なるべくわか
りやすく説明してみました。事象の同一認定はもともと，下位事象
一つにつき項一つという条件を満たすために考案されたものだと考
えられます。しかしながら，移動のマクロ事象を表す文構造におい
て，Talmy の言う衛星枠付け言語だと節が一つになるのに対して，
動詞枠付け言語だと節が二つになるという違いを，この事象の同一
認定という仕組みによって，非常にうまく整合的に説明できるとい
うメリットがあることを，本章の 7 節と 8 節では明らかにしました
た。

第8章　状態変化動詞の自動詞形はどうするの？

8.1.　はじめに

　ここまで状態変化動詞に関しては，Mary opened the door. のような使役的な用法（他動詞用法）だけを扱い，The door opened. のような自動詞用法にはあえて触れずにおきました。この章では，後者のような状態変化動詞の自動詞形をどのように扱うのか考えていきたいと思います。初めに 2 節で使役交替とは何なのかを確認した後，3 節で他動詞用法・自動詞用法それぞれの意味表示を考えます。4 節では Levin と Rappaport Hovav が，これまで状態変化動詞の使役交替に対して提示してきた，一方から他方を派生するという分析を概観し，そうした分析にとって問題となるデータを提示します。5 節では派生に頼らないアプローチがあること，Levin と Rappaport Hovav 自身がそのようなアプローチを使って動詞 roll の多義性を分析していることを見ていきます。最後の 6 節では，同じ理論内で，派生的アプローチ・非派生的アプローチの併用（つまり「二本立て」）をやるよりもむしろ，できる限り非派生的アプローチのみによって説明するほうがよいことを述べます。

8.2.　状態変化動詞と使役交替

　これまで見てきた（使役的）状態変化動詞はどれも他動詞形でした。第 4 章の 3 節で詳しく見たように，これらは結果動詞（「... になるようにする」動詞）であり，結果（どのような状態になるか）を語彙化する一方で，様態（どのようにするか）は未指定でした。ただし他動詞形の場合，主語によって表される動作主が何かすることは（その様態は未指定ですが）意味に含まれているので，様態が未指定の（つまり，下付きの $_{<MANNER>}$ が何もくっついていない）ACT を意味表示に含むことになります。そのため，これらの動詞は [[x ACT] CAUSE [BECOME [y <*STATE*>]]]〔x が y を「... になるようにする」動詞〕の事象スキーマと関連づけられるのでした。したがって，こうした動詞の代表として最も研究されてきた動詞 open と break の意味表示は次のようになります。

(1)　a.　[[x ACT] CAUSE [BECOME [y <*OPEN*>]]]
　　　　　〔x が y を〈開いている状態〉になるようにする」動詞〕
　　b.　[[x ACT] CAUSE [BECOME [y <*BROKEN*>]]]
　　　　　〔x が y を〈壊れている状態〉になるようにする」動詞〕

　しかし，これまであえて言及を避けてきましたが，状態変化動詞の多くは（kill, destroy のような例外を除くと），(2a) (3b) のような他動詞用法に加えて，(2b) (3a) のような自動詞用法もあります。このように同じ状態変化動詞が，使役的な他動詞形とそうでない自動詞形の両方で使われる場合，他動詞形と自動詞形は使役交替（the causative alternation）の関係にあると言います。また，そのような交替をする動詞のことは交替動詞（alternating verbs）と呼びます。[1]

─────────

[1] 言語学で交替（alternation）と言う場合，同じ要素が違う形で現れることを指します。ここでは，一つの動詞が複数の構文で使われることを言っています。

(2) a.　Mary opened the door.　　　*causative variant*
　　　　（メアリーがドアを開けた）　　〔使役形〕

　　b.　The door opened.　　　　　　*anticausative variant*
　　　　（ドアが開いた）　　　　　　〔反使役形〕

　　　　　　　　　　　　　　　　　（Alexiadou et al. (2015: 2)）

(3) a.　(inchoative)　　The stick broke.
　　　　〔起動動詞〕　　（棒切れが折れた）

　　b.　(causative)　　The girl broke the stick.
　　　　〔使役動詞〕　　（女の子が棒切れを折った）

　　　　　　　　　　　　　　　　　（Haspelmath (1993: 90)）

この引用にもあるように，他動詞形は使役形や使役動詞と呼ばれますが，自動詞形のほうは反使役形（anticausative variant）と呼ばれたり，[2] 起動動詞（inchoative）と呼ばれたりします。

　(3a) の inchoative という語を見て，第5章3節の (14) (15) で取り上げた状態動詞の起動相的到達動詞（inchoative Achievement）としての解釈や，第5章の5節で見た状態動詞の起動相的解釈が関連づけられる以下の事象スキーマを思い出した人もいるかもしれません。

(4)　[BECOME [y <*STATE*>]]（＝第5章 (22)）
　　　〔y が「... になる」動詞〕

---

[2] 反使役（anticausative）とは使役（causative）の反対（anti-）という意味を表します。状態変化というのは，第6章の (7) で図示したように，ふつう以下のような複合事象スキーマから成り立っているのでした。

(i)　[[[x ACT]　　　　　　CAUSE　　　　[BECOME [y <*STATE*>]]]]
　　　原因下位事象　　　　　　　　　　　　結果下位事象／中心的下位事象
　　（the causing subevent）　（the result subevent/the central subevent）

反使役というのは (i) のうち使役部分（原因下位事象と CAUSE）を含めずに概念化するということです。つまり，結果下位事象／中心的下位事象のみに着目した概念化ということになります。

実は，(2b) (3a) のような状態変化動詞の自動詞形は，その日本語
訳からもわかるように ACT を含まない結果動詞（「... になる」動
詞，到達動詞）の意味を表すと考えられます。したがって，ここで
言う起動動詞（つまり状態変化動詞の自動詞形）と第 5 章で見た状
態動詞の起動相的解釈は，どちらも同じように「... になる」という
意味を表すと言えるのです。逆に言うと，起動（inchoation）とい
うのはまさにこの「... になる」という意味を表す用語なのです。と
いうことは，(2b) (3a) に見られる状態変化動詞 open, break の
意味表示は，(4) の事象スキーマに (1) と同じ語根を関連づけた
(5) のようなものになるはずです。

(5) a.　[BECOME [y <*OPEN*>]]
　　　　〔y が「〈開いている状態〉になる」動詞〕

　　b.　[BECOME [y <*BROKEN*>]]
　　　　〔y が「〈壊れている状態〉になる」動詞〕

8.3.　意味表示と自動詞・他動詞の意味的関連

ここまで見てきた (1) と (5) の意味表示は，(2) (3) の文に関し
て述べられている意味的特徴と符合していますので以下でそれを確
認していきます。まず，(2) の文に関して Alexiadou et al. (2015)
が書いていることを読んでみましょう。

(6)　The intransitive variant denotes an event in which the
　　theme (in our example *the door*) undergoes a change-of-
　　state (*become open*). The transitive variant denotes the
　　causation of this change-of-state by the subject DP
　　(*Mary*). Since the object of the causative variant is the
　　grammatical subject of the anticausative variant, anticaus-
　　ative verbs are prototypical instances of unaccusative
　　verbs.
　　　　　　　　　　　　　　　　　(Alexiadou et al. (2015: 2))

160

（自動詞形が表す事象は，主題（我々の例では the door（ドア））が
状態変化する（開いた状態になる）というものである。他動詞形が
表すのは，この状態変化を主語の限定詞句[3]（メアリー）が引き起
こすことである。使役形の目的語が反使役形の文法的主語である
以上，反使役形の動詞は非対格動詞[4]のプロトタイプ的例だという
ことになる）

（6）では，動詞 open の自動詞形が「開いた状態になる」という状
態変化を表すのに対して，他動詞形は同じ状態変化を主語の名詞句
で表される動作主が引き起こす意味になると説明されています。こ
のような意味関係は，（1a）と（5a）の意味表示の包含関係（全体・
部分関係）によって正しく捉えることができます。

(7)　(1a)　[[x ACT] CAUSE 　[BECOME [y *<OPEN>*]]]
　　　(5a)　　　　　　　　　　　[BECOME [y *<OPEN>*]]

（1a）の動作主 x（Mary）が何かすることによって引き起こす下位
事象（つまり結果下位事象（the result subevent））の部分には，
（5a）の意味表示がパーツとしてそのまま入っています。というこ
とは，（1a）の事象は（5a）の事象を x が何かして引き起こすとい
うことになるので，（6）で述べられている（2a）（2b）の意味関係
と一致しています。
　次に（3）の文に関して Haspelmath（1993）が述べていることを

---

[3] DP（determiner phrase）「限定詞句」というのは，ある時期以降の生成文法
で NP（noun phrase）「名詞句」に代わる用語として使われるようになったもの
です。ここでは名詞句と同じ意味で理解しておいてかまいません。

[4] 非対格動詞（unaccusative verbs）というのは，到達動詞の意味を持つ自動詞
（つまり〔y が「... になる」自動詞〕）に対して付けられ，語彙意味論で使われ続
けている名称です。同様の耳慣れない名称としては非能格動詞（unergative
verbs）というものもあり，これは行為動詞の意味を持つ自動詞（つまり〔x が
「... する」自動詞〕）を指します。なお，このような動詞の名前を付けたのは，
Perlmutter（1978: 161-163），Perlmutter and Postal（1984: 97-99）です。

見ていきましょう。

(8)　An **inchoative/causative verb pair** is defined semanti-
cally: it is a pair of verbs which express the same basic
situation (generally a change of state [...]) and differ only
in that the **causative** verb meaning includes an agent par-
ticipant who causes the situation, whereas the **inchoative**
verb meaning excludes a causing agent and presents the
situation as occurring spontaneously.

(Haspelmath (1993: 90))

(**起動・使役の動詞ペア**を意味的に定義すると次のようになる：ペ
アの動詞が表すのは同じ基本的状況（一般には状態変化）で，唯一
異なるのは，**使役**動詞の意味に状況を引き起こす動作主の参与者
が含まれているのに対して，**起動**動詞の意味は状況を引き起こす
動作主を除外し状況を自発的に生起するものとして提示している
という点である)

(8) の「ペアの動詞が表すのは同じ基本的状況」という部分は，(9)
で表されているように，(1b) に (5b) が含まれていることによっ
て示されています。しかし (8) ではさらに (6) にない興味深いこ
とが述べられています。使役動詞（他動詞形）に関しては動作主の
参与者が含まれていると述べられているだけで，これは [x ACT]
が (1b) に含まれていることに反映されています。一方，起動動詞
（自動詞形）の説明に，動作主が概念化される内容から除外される
ことだけでなく，「状況を自発的に生起するものとして提示してい
<u>る</u>」ことが書かれているのに注目してみましょう。これはつまり，
起動動詞（自動詞形）の場合，現実世界でその状況の動作主（外的
原因）が存在するか否かに関係なく，状況が自然発生的に起こるも
のとして描かれている（概念化されている）ということなのです。
このことは (5b) の BECOME より前に何の要素もないことによっ
て示されています。

(9)　　(1b)　[[x ACT] CAUSE　[BECOME [y *BROKEN*]]]
　　　(5b)　　　　　　　　　　　[BECOME [y *BROKEN*]]

以上で（1）（5）の意味表示が（6）（8）で述べられている自動詞形
と他動詞形の意味的関連をきちんと説明できるということを見てき
ました。

8.4.　派生分析と方向性

ここまで挙げてきた意味表示は，意味の分析としては十分理にか
なっているのですが，第5章の5節で状態動詞の起動相的解釈に
関して見たのと同じ問題が残っています。具体的に言うと，同じ状
態変化動詞（あるいは同じ状態語根である *OPEN* や *BRO-
KEN*）がなぜ，（1）と（5）の2通りの意味表示をもちうるのかとい
うことです。Levin と Rappaport Hovav はこのような使役交替に
関してずっと，一方が基本で，もう一方は何らかの規則によって意
味表示を作り替えることで派生されるものだとしてきました。以下
では Levin and Rappaport Hovav (1995) と Rappaport Hovav and
Levin (2012)，Rappaport Hovav (2014) で提示されている派生の
方向が正反対であることを，この本でここまで見てきた事象スキー
マとそれに基づく意味表示を当てはめながら説明していきます。

8.4.1.　Levin and Rappaport Hovav (1995)

Levin and Rappaport Hovav (1995: 89–119) では，break のよ
うな状態変化動詞を外的使役動詞 (externally caused verbs) と呼
び，これらは The stick broke. (棒切れが折れた) のように自動詞形
で使われていても，常識的に考えて何らかの外的原因によって折れ
たはずだと述べています。

(10)　Some externally caused verbs such as *break* can be used
　　　intransitively without the expression of an external cause,

but, even when no cause is specified, our knowledge of the world tells us that the eventuality these verbs describe could not have happened without an external cause.

(Levin and Rappaport Hovav (1995: 93))

(break のような一部の外的使役動詞は自動詞形で使って外的原因を表現しないことが可能である。しかし原因が指定されていない場合でも，我々は世界に関する知識によって，これらの動詞が記述する事象は外的原因なしには起こりえなかったとわかるのだ)

(10) ではたとえ自動詞形であっても外的原因（つまり意味表示内の [x ACT] CAUSE ... という部分）が存在すると言っているわけです。

そこから，break のような動詞は自動詞形，他動詞形いずれの場合でも，語彙固有の意味として，状態変化する主題に加えて，外的原因（＝動作主）を参与者として含んでいる（つまり参与者が常に二つ存在する）ということになります。したがって，それをそのまま表した 2 項動詞（他動詞用法）のほうが基本的な用法だということです。

(11) 　[...] externally caused verbs are inherently dyadic predicates, taking as arguments both the external cause and the passive participant in the eventuality.

(Levin and Rappaport Hovav (1995: 94-95))

(外的使役動詞はもともと 2 項述語であり，事象内の外的原因 [＝動作主] とその作用を受ける参与者 [＝主題] の両方を項として取る)

これを上で見た意味表示と関連づけて言い直すと，(1b) の形が基本（もともと）の意味表示として存在し，自動詞用法であろうと他動詞用法であろうと，使役動詞の事象スキーマに参与者を二つ含む語根が組み込まれ，以下のような意味表示ができるということです。

(12)　*break*「壊す」：（→第 4 章（8）（10））

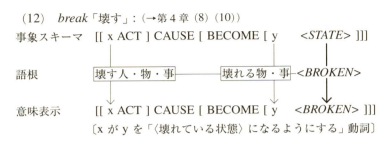

〔x が y を「〈壊れている状態〉になるようにする」動詞〕

　以上の考え方が正しければ，Rappaport Hovav and Levin（1998: 117–118）でも述べられているように，自動詞用法の場合でも状態変化動詞 break は（5b）ではなく（1b）のような意味表示をもち，外的原因の項は意味表示内に存在するはずなのに，なぜか表現されずに 1 項動詞（自動詞）の文構造へと写像されるわけです。でもこれは，第 6 章の 8 節で見た「〔x が y を「... になるようにする」動詞〕の場合，意味表示の項が二つとも構造項になるので，自動詞でこの意味を表す動詞はない」という原則に違反します。

　これを説明する（あるいはもっとはっきり言うとこれの帳尻合わせをする）ために，Levin and Rappaport Hovav（1995）は（13）のような項の束縛という非常に特別な仕組みを導入しています。このような仕組みは，語彙の意味表示にはたらきかけて別の意味表示を作り出すので，語彙規則（lexical rule）と呼ばれます。

(13)　Suppose that the intransitive form of externally caused verbs arises from binding the external cause within the lexical semantic representation, where this binding is interpreted as existential quantification. The intransitive form will then be interpreted as asserting that the central subevent came about via some causing subevent, without any specification of its nature.

（Levin and Rappaport Hovav（1995: 108））
（外的使役による状態変化動詞の自動詞形が，語彙意味表示内の外

的原因（external cause）を束縛することによって生じるとしてみ
よう。その場合，この束縛は存在量化だと解釈される。自動詞形
の解釈はその場合，中心的下位事象［＝結果下位事象］が何らかの
原因下位事象によって生じるが，原因下位事象の性質については
何も指定しないと断定するものになる）

ここで言う存在量化（existential quantification）というのは，意味
表示にxとして存在する構造項を，第7章の(23)で登場した存在
量化子（existential quantifier）と呼ばれる記号∃でくくってしまう
（これを束縛する（bind）と言います）ことで外から見えなくするこ
とです。これによって，本来なら主語によって表されるはずのx
が，ただ「そういうxが少なくとも一つ存在する」，つまり「何
らかのxが存在する」という意味しかもたなくなり，意味表示内に
はあっても，文構造に写像する際にはないものとして扱われます。

(14)　他動詞：[[x ACT] CAUSE [BECOME [y <*BROKEN*>]]]
　　　〔xがyを「〈壊れている状態〉になるようにする」他動詞〕
　　　→自動詞：∃ x[[x ACT] CAUSE [BECOME [y <*BROKEN*>]]]
　　　〔何らかの原因がyを「〈壊れている状態〉になるようにす
　　　る」自動詞〕

　　　　　　　　　　　　　　　(cf. Levin and Rappaport Hovav (1995: 108))

このような語彙規則のはたらきで，文の形で表した場合に名詞句に
よって表現される項はyだけになるので，yを主語の名詞句によっ
て表現した自動詞文ができるというのが，Levin and Rappaport
Hovav (1995) の主張です。これは結局，第5章の注6や第6章の
8節で触れたような，意味表示に対する操作は足し算のみ可能で
あって引き算は元の意味がなくなってしまうので許されないという
制約に，他動詞形が基本だという考え方を何とか合わせるための苦
肉の策だとも言えるでしょう。

　まとめると，Levin and Rappaport Hovav (1995) では，(14)

で図示されているように，他動詞形の意味表示が基本で，存在量化という操作によって x の部分を写像の際に見えなくすることで，自動詞形の意味表示ができると説明しているということです。つまり，他動詞（基本）→自動詞（派生）という方向性を考えているわけです。

8.4.2. Rappaport Hovav and Levin (2012) & Rappaport Hovav (2014)

一方，Rappaport Hovav and Levin (2012) および Rappaport Hovav (2014) では，過去の自分たちの分析である Levin and Rappaport Hovav (1995) の考え方を否定し，状態変化動詞はむしろ自動詞形（1 項述語）が基本で，語彙的に指定されているのは状態変化するものを表す項（つまり主題 (theme)）のみであるとしています。

(15)　[...] all alternating verbs are lexically associated with the internal argument(s) only, namely, those involved in the specification of the nature of the change of state.

(Rappaport Hovav (2014: 21))

（すべての交替動詞が語彙的に関連づけられているのは内項，つまり状態変化の性質を指定することに関わる項のみである）[5]

要するに，状態変化動詞の語根が表す語彙固有の意味は，ACT を含まない結果動詞（「... になる」動詞，到達動詞）のものであり，語根に含まれる参与者は主題（break だと壊れる物・事）だけだと

---

[5] ここで出てきた内項 (internal argument) というのは，使役動詞の事象スキーマで [BECOME [y <*BROKEN*>]] の y としてきた項のことを指します。一方，外項 (external argument) は事象スキーマにある [x ACT] の x に相当します。ここでは，x よりも y のほうが [ ] の内側の語根に近い位置にあるので，それぞれを「外項」「内項」と呼ぶのだと考えておいてください。

いうことです。

　これを（12）と同様に意味表示と関連づけると，（5b）の形が基本（もともと）の意味表示として存在し，自動詞用法であろうと他動詞用法であろうと，まず到達動詞の事象スキーマに状態変化するものを指す参与者（＝主題）を一つ含む語根が組み込まれ，以下のような意味表示ができるということです。

（16）　*break*「壊れる」:

事象スキーマ	[BECOME [y　　　*<STATE>*　　　]]
語根	壊れる物・事 –*<BROKEN>*
意味表示	[BECOME [y　　　*<BROKEN>*]]

〔y が「〈壊れている状態〉になる」動詞〕

この場合，意味表示の項は y しかありませんので，これが主語によって表されます。

　では，他動詞用法はどうやってできるのでしょうか。Rappaport Hovav and Levin（2012）と Rappaport Hovav（2014）は，使役形の主語（つまり意味表示の項 x）はそもそも語彙的に指定されていなくて，ある一定の条件が満たされれば，自由に追加されるものだと考えているようです。

（17）　a.　If the subject of the causative variant is not lexically determined, we need to formulate a general, nonlexical condition delineating when a subject representing the cause of the change can appear.

(Rappaport Hovav and Levin (2012: 165–166))

（使役形の主語が語彙的に決定されていないとすれば，我々が定式化する必要があるのは，一般的で非語彙的な条件であり，これは変化の原因を表す主語が現れうる場合を明確にするものだ）

168

b. I assume that English freely allows an external cause to be added to change of state verbs.

(Rappaport Hovav (2014: 21))

（私が仮定しているのは，英語では状態変化動詞に対して自由に外的原因を付加することが可能だということだ）

これも結局，第5章の注6や第6章の8節でも見たような，事象スキーマや意味表示に対する操作として認められるのは足し算だけ（引き算するともともとあった意味の一部がなくなってしまうから，それを設定する意義自体がなくなるため）という制約に基づく発想だと考えられます。

　さて，ある一定の条件としては次のようなものが提示されています。

(18) The Direct Causation Condition: A single argument root may be expressed in a sentence with a transitive verb if the subject represents a direct cause of the eventuality expressed by the root and its argument.

(Rappaport Hovav and Levin (2012: 166))

（直接使役条件：単一の項をもつ語根が他動詞文で表現されてもよいのは，主語が表すものがその語根と項が表す事象の直接原因である場合だ）

これを満たすものが存在する場合に，自動詞形（「... になる」動詞，到達動詞）の意味表示に（もとの動詞の語彙的意味では指定されていなかった）外的原因が継ぎ足され，使役動詞（「... になるようにする」動詞）の意味表示ができるということです。これを図示すると次のようになります。なお，この操作によって外的原因の項 x が主語で表されるようになりますので，主題項 y は目的語によって表されることになります。

(19) 　自動詞：[BECOME [y *<BROKEN>*]]

〔y が「〈壊れている状態〉になる」自動詞〕
↓外的原因（x）の付加（下線部が付加された部分）
他動詞：[[x ACT] CAUSE [BECOME [y <*BROKEN*>]]]
〔x が y を「〈壊れている状態〉になるようにする」他動詞〕

　まとめると，Rappaport Hovav and Levin (2012) と Rappaport Hovav (2014) では Levin and Rappaport Hovav (1995) とは逆に，(19) で図示されているように，自動詞形の意味表示が基本で，それにある条件下で外的原因と使役を継ぎ足す操作によって項が増え他動詞形の意味表示ができると述べているわけです。つまり，自動詞（基本）→他動詞（派生）という方向性になります。

8.4.3.　派生の方向性とそれにまつわる問題

　以上で Levin と Rappaport Hovav の理論が状態変化動詞の使役交替をどのように扱ってきたのかを見ました。1995 年の時点では他動詞（基本）→自動詞（派生）という考え方を取っていましたが，そもそも状態変化動詞で使役交替するものは，他動詞用法の主語が非常に多様であるという事実に着目し，そこから 2012 年以降は，他動詞用法の主語の項が語彙的に指定されていないと考えたのです。それによって結局，主語の項に相当する参与者（＝外的原因）自体が，語彙的内容を表す語根やそれが組み込まれる事象スキーマに含まれないことになり，自動詞（基本）→他動詞（派生）という考え方に変わったようです。

　でも第 5 章の 5 節で指摘したように，いずれか一方の意味から他方を派生するというやり方では，意味変化の方向性を必然的に考えざるをえないようになります。ではこのような方向性を決める参考となるデータはあるのでしょうか。Levin and Rappaport Hovav (1985: 86) では，状態変化動詞の自動詞用法と他動詞用法のように複数の用法が存在する場合，状態変化するもの（主題）の項に

170

対する選択制限[6]の緩いほう，つまりいろいろな名詞を主題として取れるほうが基本的な用法だと言っています。[7] ということは，基本的な用法では言えても派生的な用法では言えない名詞を主題とする例が存在することになります。

　もし他動詞（基本）→自動詞（派生）という考え方が正しければ，他動詞形では言えるけど自動詞形では言えない例があるはずだということになります。実際，Levin and Rappaport Hovav (1995) は (20a) の例をその根拠に挙げていますし，動詞 open に関しても同様の (21) のような例があります。[8]

---

[6] 選択制限（selectional restrictions）とは，動詞が取る（＝選択する）項（つまり主語や目的語など）にどういう内容の語が来るかに関する制限のことを言います。たとえば『ジーニアス英和辞典』（第 5 版）にある動詞 drink の語義に「〈飲み物・酒など〉を飲む」とありますが，このうち〈　〉でくくられた部分が選択制限を示しています。ここからわかるように，動詞 drink はその目的語に対して「飲み物や酒のような液体でなければならない」という選択制限を課しています。そのため，以下に示すように，「薬を飲む」場合，drink ではなく take を使うことになります。

　　(i)　薬を飲む　take medicine《◆×drink medicine としない》
　　　　　　　　　　　　（『ジーニアス和英辞典』（第 3 版）「くすり［薬］」の項）

[7] これはぴんと来ない人もいると思うので，もう少し説明しておきます。Mary opened the door.（他動詞形）と The door opened.（自動詞形）のようにどちらの形も言える場合，どちらからどちらを派生しても問題ありません。派生形（新しくできる形）に対して基本形（元の形）が常に存在するからです。ところが (21) のように John opened the letter. / John opened a bank account.（他動詞形）は言えても *The letter opened. / *A bank account opened.（自動詞形）は言えない場合，自動詞形を基本的な用法だと考えると，派生形になる他動詞形に関して派生元の基本形が存在しないことになってしまうのです。つまりこの場合，他動詞形が基本的な用法としてあって，何らかの理由で自動詞化の操作が適用できず，自動詞形がないと考えざるをえなくなります。したがって，より広い範囲の主題項（(21a) だと the letter，(21b) だと a bank account）を取れる形（この場合は他動詞形）が基本だと考えることになります。

[8] 出典の書いていない例文（(20b) (20c) (21a) (22) (23)）の判断は筆者の同僚であった Michael Greisamer 講師によるものです。

(20) a.　He broke his promise／the contract／the world record.

　　　（彼は約束／契約／世界記録を破った）

　　a′.　*His promise／The contract／The world record broke.

　　　（*約束／契約／世界記録が破れた）

(Levin and Rappaport Hovav (1995: 85))

　　b.　John broke a dollar bill.

　　　（ジョンは1ドル札を小銭にくずした）

　　b′.　*A dollar bill broke. (*1ドル札が小銭にくずれた)

　　c.　John broke the speed limit.

　　　（ジョンは速度制限を破った）

　　c′.　*The speed limit broke. (*速度制限が破れた)

(21) a.　John opened the letter.（ジョンは手紙を開けた）

　　a′.　*The letter opened. (*手紙が開いた)

　　b.　John opened a bank account.

　　　（ジョンは銀行口座を開いた）

　　b′.　*A bank account opened. (*銀行口座が開いた)

(Davidse (1992: 115))

しかしこれとは逆に，自動詞形では言えるけど他動詞形では言えない例もあります。このような例に基づく判断をした場合，自動詞（基本）→他動詞（派生）のように考えるほうが正しいことになります。

(22) a.　?The shore broke waves.（?岸が波を砕いた）

　　a′.　Waves broke (on the shore).

　　　（波が（岸に当たって）砕けた）

　　b.　*John broke a happy smile over his face.

　　　（*ジョンは幸せそうな笑いを顔に（ふいに）表した）

　　b′.　A happy smile broke over his face.[9]

　　　（幸せそうな笑いが彼の顔に（ふいに）現われた）

---

[9] 『新編英和活用大辞典』の smile n. の【＋動詞】にある例文。

(23) a. *The gardener opened the flowers/the buds.

   （*庭師は花／つぼみを開いた）

  a′. The flowers/The buds opened.（花／つぼみが開いた）

結局，選択制限の厳しさ・緩さに基づいて派生の方向を考えようとすると，両方の場合が存在するので派生の方向性（ひいてはどちらが基本的な用法なのか）を確定できないという問題が生じます。また，選択制限以外の根拠に基づいて方向性を決定しようとしても，状況をどのように解釈（概念化）するかという漠然としたことに基づいて相対的に決めるしかないことになり，結局方向性を確実に決めることはできません。

　以上の問題は結局，語彙規則と呼ばれる意味表示を操作する仕組みによって，基本形から派生形を非対称的に作り出すことを考える限り必然的について回ります。[10]

　しかし，岩田（2015: 65, 67）が端的に述べているように，複数の用法がある場合の多くに関して，「語彙規則分析は必然的に一方がもう一方よりも基本的であることを含意するが，そのような非対称性を支持する証拠が見つからない」し「無理に『基本形』を決めようとしても，上手くいかない」ということになります。これは岩田（2012: 114）の言うように「『ではなぜそちらが基本的なのだ？』という問題が生じてきてしまう」からです。では，どのように考えればよいのでしょうか。

8.5.　非派生的なアプローチはありなの？

　使役交替の自動詞形と他動詞形の関係に関しては，これまで見て

---

　[10] John sent a package to the boarder. と John sent the boarder a package. のような与格交替（dative alternation），および Bill loaded hay onto the truck. と Bill loaded the truck with hay. のような（場）所格交替（locative alternation）に関しても同様の問題が生じることが岩田（2015）で論じられています。

きた派生方向があるとする二つの考え方以外に，どちらも基本的で別々に同じ語根から作られるとする考え方があります。このような3つの考え方は，影山（編）（2001: 19）や Alexiadou et al. (2015: 3) に沿ってまとめると次のようになります。

(24) a. 自動詞形が基本で，そこから使役化（causativization）によって他動詞を派生する

　　 b. 他動詞形が基本で，そこから脱使役化（decausativization）によって自動詞を派生する

　　 c. 派生の方向を考えず，共通の語根から自動詞と他動詞を両方とも別々に作る

これによると，Levin と Rappaport Hovav は，Levin and Rappaport Hovav (1995) の時点では（24b）の考え方だったけど，Rappaport Hovav and Levin (2012)，Rappaport Hovav (2014) では（24a）の考え方に変わったということです。しかしながら，（24a）や（24b）のような派生の方向性（非対称性）を考える理論では，(20)(21) のような例と (22)(23) のような例の両方が存在する場合，どうしても行き詰まります。残されたのは（24c）の考え方ですが，これが，この本でこれまで見てきた Levin と Rappaport Hovav による語彙意味論の仕組みでどのように実現できるのかを以下では考えていきます。

　（24c）のようなアプローチを典型的に取っているのは，第6章の3節でも言及した Goldberg (1995) などによる構文文法です。この本では事象スキーマにそれぞれの動詞の語根が関連づけられることによって，動詞の意味表示ができるという仕組みを提示してきましたが，[11] Goldberg は同様のことを，構文にそれぞれの動詞のフ

---

[11] 実はこのような発想そのものが，Goldberg などによる構文文法的アプローチのやり方と同じであり，Levin と Rappaport Hovav による語彙意味論の理論が，実質的に構文文法と変わらないものになっているということは，以下のよう

レーム意味論が組み込まれることによって，表現全体の意味ができるというふうに説明しています。[12] そして，一つの構文から別の構文が派生されるのではなく，構文同士はそれぞれ独立していて，継承リンク (inheritance links) と呼ばれる構成要素の共有関係によって，互いにつながっているだけだとしています。これは，上の (24a) (24b) に見られる一つの意味表示から別の意味表示を派生するような方向性（非対称性）を含む考え方ではなく，(24c) に相当する捉え方です。岩田 (2012) はこのような見方とそのメリットを次のようにまとめています。

(25)　一方の言い方からもう一方を派生するのではなく，単に同じ動詞が二つの構文と融合できるということに過ぎない，というわけです。この解決法ならば，[...] どちらがより基本的なのか，に頭を悩ませる必要はなくなります。

(岩田 (2012: 129–130))

なお，Levin と Rappaport Hovav の枠組みで言い直せば，同じ動詞は同じ語根，二つの構文というのは二つの事象スキーマに相当することを思い出しておいてください。

　さて，他動詞形と自動詞形（Goldberg 的な言い方をすれば他動

に岩田が指摘する通りです。

(i)　なお，気付かれた方もいるであろうが，「語彙テンプレートに動詞の定項を挿入する」という考え方は，明らかに構文的発想法である。つまり，語彙規則分析から語彙テンプレート分析への移行は，構文的アプローチへの転換を意味する。　　　　　(岩田 (2015: 69, 注3)

[12] 参考までに両方の理論で対応する要素を表でまとめると，次のようになります。参与者（役割）に関しては第6章の3節で出てきました。

Levin と Rappaport Hovav	Goldberg
事象スキーマ (event schema)	構文 (construction)
語根 (root)	動詞 (verb) （のフレーム意味論）
事象スキーマの項	項役割 (argument roles)
語根に含まれる参与者	参与者役割 (participant roles)

詞構文と自動詞構文）の関係については，Goldberg（1995: 78-79）
でそれぞれの構文が別個にあって，下位部分関係のリンクによって
つながっているとしています。

(26)　A *subpart link* is posited when one construction is a
　　　proper subpart of another construction and exists inde-
　　　pendently.　　　　　　　　　　　　　　　（Goldberg（1995: 78））
　　　（下位部分関係のリンクが仮定されるのは，一つの構文が別の構文
　　　の真下位部分[13]であり独立して存在する場合だ）

これを Levin と Rappaport Hovav による枠組みで捉え直すと，他
動詞形と自動詞形の意味にそれぞれ相当する事象スキーマは，一方
から他方を派生するという関係にあるのではなく，二つの事象ス
キーマは独立して存在しており，他動詞形の事象スキーマの一部が
自動詞形の事象スキーマだという関係によってつながっているとい
うことです。

(27)　$\boxed{[\,[\,\text{x ACT}\,]\ \text{CAUSE}\ [\ \text{BECOME}\ [\ y\ \textit{<STATE>}\ ]\,]\,]}$ (causative)
　　　　　　　↓下位部分関係のリンク
　　　　　　　$\boxed{[\ \text{BECOME}\ [\ y\ \textit{<STATE>}\ ]\,]}$ (achievement)

そして，これらの事象スキーマに同じ *<OPEN>*，*<BROKEN>* と
いう語根が組み込まれるわけです。

　実は Levin and Rappaport Hovav（1995: 208-213）では，移動
様態動詞 roll の多義性を説明するのにこのような考え方を取って
います。つまり，語彙規則を立てながらも，一部の現象に関しては

---

[13] 真下位部分の「真」というのは，数学で言う真部分集合の「真」と同じ意味
です。つまり，ある事象や構文の一部を取り出した場合（ただし全体を取り出し
ても一部取り出したことになるので，全部取り出す場合も含む），下位部分と言
うのですが，真下位部分と言った場合，もとの事象や構文の（全部ではなく）必
ず一部だけを取り出したもの（つまり，もとの事象や構文とは一致しないもの）
だけを指します。

Goldberg の構文文法に近い，同じ語根が別々の事象スキーマに関連づけられるというアプローチを取っていることになります。以下ではそれを見ていきます。

　Gruber（1976: 158）や Jackendoff（1972: 34）が指摘しているように，移動様態動詞 roll の場合，(28a) のように主語が「岩」(the rock) のような無生物であれば，主語の意味役割が主題 (theme)（つまり状態変化するもの）になる解釈しかできませんが，(28b) のように主語が人であれば，(29) で説明されているように2通りの解釈（主語の意味役割が主題 (theme) である解釈と動作主 (agent) である解釈）が可能です。

(28) a.　The rock rolled down the hill.
　　　　　（岩は丘を転がり落ちた）
　　 b.　Max rolled down the hill.
　　　　　（マックスは丘を転がり降りた／転がり落ちた）

(Jackendoff (1972: 34))

(29)　On one interpretation of [(28b)], Max is an agent, rolling down the hill of his own volition; on the second interpretation, he is not an agent, but rolls down the hill because of some external cause, such as a push or, if he trips, gravity.　　　　(Levin and Rappaport Hovav (1995: 209))
　　 ((28b) の文に関する一つの解釈は，動作主であるマックスが自分の意志で「転がり降りた」というものである。二つ目の解釈では，マックスは動作主ではなく，彼が「丘を転がり落ちた」のは，外的原因によることになる。たとえば，押されたり，つまずいて重力に引きつけられたりしたためだということだ）

興味深いことに Levin and Rappaport Hovav（1995: 211）は，(28b) の多義性を説明しているところでは，上の (13)(14) で状態変化動詞に対して適用していたような語彙規則は使っていません。その代わりに，語根 <ROLL> の表す語彙固有の意味が複数の

事象スキーマと関連づけることが可能なものであるため，このような多義性（つまり複数の用法）が生じているのだとしています。

(30)　[...] we propose that other pairs do not arise from a lexi-
cal rule; instead, they arise simply because certain con-
stants happen to be compatible with more than one lexical
semantic template. (Levin and Rappaport Hovav (1995: 208))
（我々が提案するのは，それ［＝状態変化動詞］以外の対になる文
［＝同じ動詞の複数の用法］が生じる原因が語彙規則ではないとい
うことだ。それらが生じるのは単に，ある種の定項［＝語根］がた
またま複数の語彙意味鋳型［＝事象スキーマ］と合うからだ）

これは要するに，語根 *<ROLL(ED)>* は動作主の行う行為の様態としても，主題に生じる結果状態の意味としても解釈できると言っていることになります。そうだとすれば，以下に図解するように，〔x が「... する」動詞〕（行為動詞）の事象スキーマ，〔y が「... になる」動詞〕（到達動詞）の事象スキーマの両方に組み込むことができるわけです。実はこのような考え方は，Goldberg (1995) が提唱している，同じ動詞を複数の構文と融合させるという仕組みとまったく同じです。

(31)　*roll*「転がる」

事象スキーマ　　[x ACT_{*<MANNER>*}]　　　[BECOME [y　*<STATE>*]]

語根　　　　　転がる人 –*<ROLL>*　　　転がる人・物 –*<ROLLED>*

意味表示　　　[x ACT_{*<ROLL>*}　]　　[BECOME [y　*<ROLLED>*]]

〔x が「〈転がる様態で〉する」動詞〕〔y が「〈転がっている状態〉になる」動詞〕

8.6.　おわりに

　ここまで読んできたみなさんは，状態変化動詞の使役交替と移動様態動詞 roll の 2 通りの解釈に対して，Levin and Rappaport Hovav（1995）がわざわざ違う仕組みを設定していることに気づかれたかと思います。具体的に言うと，状態変化動詞の場合，他動詞形から語彙規則によって自動詞形を派生するのに対して，移動様態動詞 roll の場合，語根が多様に解釈できると考え，そのまま別の事象スキーマに組み込むことで複数の用法を作り出すということです。いわば，語彙規則と複数事象スキーマへの適合という「二本立て」をおこなっているわけです。

　このような二本立てを正当化するために，Levin and Rappaport Hovav（1995: 208-212）では語彙規則を用いて説明する動詞と，複数の事象スキーマへの関連づけを用いて説明する動詞の間に見られる意味関係の違いなどを，詳細に論じています。でも，それらは結局語根に含まれる語彙固有の意味の微妙な違いから来ていると考えることもできるので，状態変化動詞だけ語彙規則を設定すること自体が，場当たり的（ad hoc）なやり方だと言えます。

　したがって，使役交替に関してわざわざ（13）（14）の特殊な仕組みを使う必要はないと考えられます。また，そもそも（17）-（19）のような意味の足し算に基づく仕組みも含めて，語根を事象スキーマに組み込んだ後あれこれ加工するという操作自体が，必然的に派生の方向性（非対称性）をもたらすという問題があります。[14] やは

----

　[14] 第 7 章では移動様態動詞＋前置詞句を説明するために事象の同一認定という仕組みを導入しました。このような仕組みも，意味を加工する操作なので，同様に避けるべきだという意見もあるかもしれません。でも，事象の同一認定が適用されるのは，明らかに事象構造の主従関係が写像に際して入れ替わっているような特別な場合なので，特別な仕組みを想定する動機づけは十分にあると言えます。また，これが適用されるのは写像前，つまり語根を事象スキーマに組み込む前の段階なので，問題はないと考えられます。

り，語根が多様に解釈できると考え，そのまま別の事象スキーマに
組み込むことで複数の用法を作り出すという仕組みのほうが理にか
なっていると考えられるので，最後の第9章ではそうした仕組み
を Levin と Rappaport Hovav による事象スキーマの理論に応用し
て説明していきます。

第9章　**非派生的な事象スキーマへの組み込み≒構文文法だ！**

9.1.　はじめに

　第8章では，状態変化動詞が他動詞用法・自動詞用法でそれぞれどのような意味表示をもつと考えられるのかをまず見ました。その後，いずれかの意味表示からもう一方の意味表示を語彙規則によって派生するというやり方は，他動詞用法のほうが基本的だと考えられる例，自動詞用法のほうが基本的だと考えられる例の両方が存在するため，うまくいかないということを見ました。そこから，その代替案として非派生的な（つまり同じ語根が別々の事象スキーマに組み込まれると考える）仕組みの可能性を示唆しました。この章ではそうした仕組みについて具体的に考えていきます。

　非派生的な仕組みによって状態変化動詞の使役交替を説明する場合，同じ状態語根（たとえば <*BROKEN*>）が，起動動詞（到達動詞）の事象スキーマと使役動詞の事象スキーマのどちらにでも組み込まれると考えるわけです。つまり同じ語根が，以下の（1）のように到達動詞の事象スキーマに組み込まれる場合と，（2）のように使役動詞の事象スキーマに組み込まれる場合の両方があるということです。

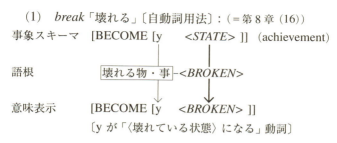

（1）　*break*「壊れる」〔自動詞用法〕：（＝第8章（16））
事象スキーマ　[BECOME [y　*<STATE>*]]　（achievement）

語根　　　　　壊れる物・事 - *<BROKEN>*

意味表示　　　[BECOME [y　*<BROKEN>*]]
　　　　　　　〔y が「〈壊れている状態〉になる」動詞〕

（2）　*break*「壊す」〔他動詞用法〕：（＝第8章（12））
事象スキーマ　[[x ACT] CAUSE [BECOME [y　*<STATE>*]]]
　　　　　　　　　　　　　　　　　　　　　　（causative）

語根　　　　　壊す人・物・事 ── 壊れる物・事 - *<BROKEN>*

意味表示　　　[[x ACT] CAUSE [BECOME [y　*<BROKEN>*]]]
　　　　　　　〔x が y を「〈壊れている状態〉になるようにする」動詞〕

でもこれだけでは，どういう場合に（1）のようになり，どういう
場合に（2）のようになるのか全然わかりません。以下ではそれを
考えていきます。

9.2.　使役交替と語根の事象スキーマへの組み込み

　ここからは，同じ状態語根である *<OPEN> <BROKEN>* など
が，（1）のように起動動詞（到達動詞）の事象スキーマに組み込ま
れたり，（2）のように使役動詞の事象スキーマに組み込まれたりす
るのはそれぞれどのような場合なのかを考えていきます。そもそ
も，語根が事象スキーマに組み込まれる（Goldberg 流に言うと動
詞が構文と融合する）と言いますが，どういう場合にそれが可能で，
どういう場合には不可能なのでしょうか。岩田（2012）は，動詞の
意味をもっと細かく調べる必要があることを，以下のように指摘し
ています。

(3) しかし，「そもそもなぜ同じ動詞が二つの構文と融合でき
るのか？」というもっと根本的な問に対しては，Goldberg
はほとんど何も言えていません。[...] つまり，公式（＝構
文）を用いれば解決できると言っても，結局は動詞の意味
を細かく調べなければ，踏み込んだ問いには答えられない
のです。

(岩田（2012: 130））

この本では，第6章の3節で，語根がどの分類に入るかによっ
て，関連づけることのできる事象スキーマが決まってくるというこ
とを見ました。具体的に言うと，語根が「状態」という存在論的型
をもつ場合，事象スキーマ中の *<STATE>* の部分に組み込まれ，
「様態」という存在論的型をもつ場合，事象スキーマ中の *<MAN-
NER>* の部分に組み込まれるということです。これは，第6章の
2節で見たように，事象スキーマの目録が以下のようなもので，語
根が組み込まれる部分が基本的に *<MANNER>* か *<STATE>* のい
ずれかだからです。

(4) 単純事象スキーマ (simple event schema)：
  a. [x ACT$_{<MANNER>}$] (activity)
     〔x が「... する」動詞〕（行為動詞）
  b. [y *<STATE>*] (state)
     〔y が「...（である）」動詞〕（状態動詞）
  c. [BECOME [y *<STATE>*]] (achievement)
     〔y が「... になる」動詞〕（到達動詞）
(5) 複合事象スキーマ (complex event schema)：
  [[x ACT] CAUSE [BECOME [y *<STATE>*]]] (causative)
  〔x が y を「... になるようにする」動詞〕（使役動詞）

でも，状態変化動詞の使役交替に関わってくる語根は，使役動詞
の事象スキーマに組み込まれるものも，起動動詞（到達動詞）の事
象スキーマに組み込まれるものも，どちらも「状態」という存在論

的型をもっているので <STATE> の部分に組み込まれるというこ
としかわかりません。したがってこのままだと，存在論的な型に
よって，使役動詞になるのか起動動詞（到達動詞）になるのか，つ
まり（5）に組み込まれるのか，（4c）に組み込まれるのかを区別す
ることはできないのです。さらに，同じ <STATE> であっても，
状態動詞の事象スキーマ（4b）に組み込まれる動詞もありました。

　ということは，「状態」という存在論的型だけでは，（4b）（4c）
（5）のどの事象スキーマに関連づけられるかを決められないので
す。したがって岩田（2012）の言うように，語根（岩田の言う動詞）
の意味を，単なる状態（<STATE>）と考えるだけでなく，もっと
細かく調べて，必要ならば下位分類しなくてはなりません。

　動詞の意味表示が，（4c）（5）のいずれの事象スキーマをもとに
したものになるのかという使役交替（自他交替）の条件に関しては
Haspelmath（1993），van Voorst（1995）などで論じられてきまし
たが，以下ではもっとも包括的な考察を行っている Härtl（2003）
をもとにして，状態変化動詞の使役交替について考えていきます。

9.3.　Härtl（2003）による使役交替の意味的条件

　Härtl（2003）はドイツ語動詞の使役交替に関わる条件を詳細に
論じたものですが，以下ではその知見を英語の動詞に当てはめ，使
役交替をもたらす語根の意味の細かな違いを見ていきます。[1] Härtl
（2003: 905）は，状態変化動詞を（i）decay, rust のように通例自
動詞で用いられるもの，[2]（ii）burn, dry のように使役交替するも

---

　[1] Härtl が挙げているのは（i）自動詞のみで用いられる verfallen（（建物が）荒
廃する），verrosten（錆びる），（ii）使役交替する verbrennen（燃やす，燃える），
trocknen（乾かす，乾く），（iii）他動詞のみで用いられる zerstören（破壊する），
verstümmeln（... の体の一部を切断する）といったドイツ語動詞ですが，以下で
はそれに対応すると考えられる英語動詞を使って考えていきます。

　[2] The fungus will decay soft timber.（菌類は軟らかい木材を腐敗させる）の

の，(iii) destroy, mutilate のようにもっぱら他動詞で用いられる
ものの3種類に分類し，それぞれの意味特性を，状態変化の開始
点の明確さと，外在的な力の関与（言い換えると状態変化が独立し
て進行するか否か）という二つの点から特徴づけています。

　まず Härtl (2003: 906) は，(i) と (ii) が自動詞用法では「徐々
に進む過程や変化」(incremental processes or changes) を表し，
それが特定の存在物によって引き起こされるのではなく，温度，湿
度，酸化などの条件によって自発的に進むものだとしています。

(6) Both [verbs like *burn* and *dry*] and [verbs like *decay* and
rot] denote in their intransitive use incremental processes
or changes which are not caused directly by a specific en-
tity but by entities from more abstract domains such as
temperature, humidity, or oxidation. The two groups dif-
fer, however, with regard to the event that initiates the in-
cremental process of the change in the object.

(Härtl (2003: 906))

(burn や dry のような動詞と decay や rot のような動詞が共に自
動詞用法で表すのは徐々に進む過程や変化であり，特定の存在物
がそれを直接引き起こすのではなく，温度，湿度，酸化のような
もっと抽象的な領域の存在物によって引き起こされるのである。
しかしながら，これら二つのグループには違いがあり，それは対
象物の変化の徐々に進む過程を開始させる事象に関する点である)

これを第8章の (8) で見た Haspelmath (1993) の主張と考え合わ
せると，自動詞で用いられる（ひいては起動動詞（到達動詞）の事
象スキーマに語根が組み込まれる）ためには，事象が独立して自発

ような例を載せている *Oxford Dictionary of English* のような辞書もあります
が，多くの辞書は他動詞の用例を挙げていません。ここでは decay や rust は自
動詞で用いられるのがふつうだと考えておきます。

的に進行することが必要だということがわかります。

　それを踏まえた上で Härtl は，(ii) の動詞のみに他動詞用法が存在するのは，特定の存在物（つまり動作主や外的原因と呼んできたもの）が行う典型的行為によって，開始点を特徴づけられるからだとしています。

(7)　While with alternating [verbs like *burn* and *dry*] it is possible to associate a canonical activity, no such canonical activity can be conceptualized with [verbs like *decay* and *rot*]. With the latter verbs it is rather something like the environmental condition that causes the change of state to come about, while with verbs like [*burn* and *dry*] there can be concrete activities such as [IGNITE y] or [EXPOSE TO WARMTH y] by which the corresponding process is initiated.　　　　　　　　　　　　　　　(Härtl (2003: 906))

（burn や dry のような自他交替する動詞では典型的な行為を関連づけることが可能なのに対して，そのような典型的な行為を概念化することは decay や rot のような動詞に関しては不可能である。後者の動詞ではむしろ環境条件のようなものが変化を生じさせているのである。一方 burn や dry のような動詞の場合，具体的な行為として [IGNITE y]（y に火をつける）や [EXPOSE TO WARMTH y]（y を暖かいところに置く）がありうるわけで，それによって関連する過程が開始されるのである）

つまり Härtl によると，(ii) の burn, dry のような使役交替する動詞の場合，状態変化の開始点（initiation）を特徴づける「典型的行為」(canonical activity) を連想できるというのです。具体的には，[IGNITE y]（y に火をつける）や [EXPOSE TO WARMTH y]（y を暖かいところに置く）といった行為によって状態変化が開始されるということです。一方，(i) の decay や rust のような自動詞のみで用いられる動詞に関しては，状態変化の開始点となる典型的な

行為を概念化することが不可能で，これらの場合「環境条件」(environmental condition) のようなものによって，開始点がよくわからないまま，いつの間にか状態変化が進行しているということです。これらを Härtl (2003: 906) は次のように図示しています。

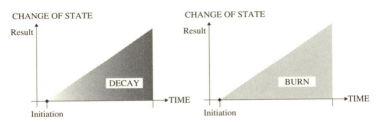

したがって，他動詞で用いるためには，事象の開始点を典型的な行為によって特徴づけられなければならないということがわかります。

　さらに，他動詞だけで使われる (iii) の destroy や mutilate も「徐々に進む過程」を表しますが，これらの場合動作主（外的原因）の関与が，事象の開始点だけでなく事象が進行するすべての時間に及ぶ必要があるとしています。その結果，事象が独立して自発的に進行することがなく自動詞で用いることがないのだと説明しています。

(8)　Why do verbs [like *mutilate* and *destroy*] not detransitivize?　They can denote incremental processes too and obviously

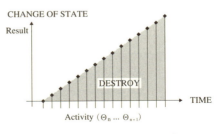

express a concrete activity.　In this case, the difference lies in the change of state itself. [Verbs like *decay* and *rot*] and [verbs like *burn* and *dry*] express changes of an object property that depends on the object's inherent constitution or that related to an inherent property of an object such as its molecular structure [...]. However, with verbs like [*mutilate*] each single subprogress in the entire event depends on the impact of a concrete outer force. This means that here a causing event not only initiates a change in the object but the entire change must be triggered by a discharge of some concrete power at all times in the progress of the event—as, for example, in the course of the destruction of an oil painting by painting it over step by step.　　　　　　　　　　　　(Härtl (2003: 906))

（なぜ mutilate や destroy のような動詞は脱他動詞化しないのだろうか。というのも，これらもまた徐々に進む過程を表し，明らかに具体的な行為を表すことができるからだ。この場合，違っているのは状態変化自体である。decay や rot のような動詞および burn や dry のような動詞が表す対象物の特性変化は，対象物固有の性質によるものであったり，分子構造のような対象物固有の特性に関連したものであったりする。しかしながら，mutilate のような動詞に関しては，事象全体が進行していく部分の一つ一つが，外部からの具体的な力の影響によって生じている。これはつまり，原因事象が対象物の変化を開始させるというだけでなく，変化全体を引き起こしているのが具体的な力の放出でなければならず，しかもそれは事象が進行するすべての時間に及ぶということである。たとえば，油絵を損壊する過程でやることが，油絵を少しずつ絵の具で塗りつぶすことだというような場合である）

この場合もちろん，事象の開始点で動作主が行う何らかの典型的行為（たとえば，物理的に傷つける，切り口をいれるなど）を想起することはできるので，他動詞で用いるための条件は満たしてい

す。したがって，使役動詞の事象スキーマに語根が組み込まれることになります。

以上の条件を表にまとめると，次のようになります。

使役交替（自他交替）の可否と具体的な動詞の例	事象の開始点となる典型的行為を概念化できる ＝他動詞形で使用可能	事象全体への外部からの介入がなくても独立して進行する ＝自動詞形で使用可能
(i) 自動詞のみ (decay, rust など)	×	○
(ii) 使役交替 (burn, dry など)	○	○
(iii) 他動詞のみ (destroy, mutilate など)	○	×

9.4. 具体例における意味的条件の反映

このような自動詞用法と他動詞用法に課される意味的条件によって，Rappaport Hovav (2014: 18) の挙げている，状態変化動詞 break の自動詞用法と他動詞用法の以下のような解釈の違いを説明することができます。

(9) a. My watch broke after the warranty ran out. (Most likely indicates cessation of functioning due to normal wear and tear)

（私の時計は保証期間が過ぎた後に壊れた）（おそらく通常の使用によって傷んで機能停止したことを示すだろう）

b. I broke my watch after the warranty ran out. (wrong interpretation; this doesn't suggest that the watch broke from normal wear and tear)

（私は時計を保証期間が過ぎた後に壊した）（不適切な解釈：こ

の文が示すのは，通常の使用によって時計が壊れたことではない）

(Rappaport Hovav (2014: 18))

(9a) では，事象が独立して自発的に進行するものとして捉えられているため，break が自動詞形で用いられていると考えられています。時計が壊れる過程が独立して自発的に進行する状況として想定されるのは通常の使用によって傷むということであり，動作主が典型的な行為を行って関与したわけではないと考えられます。一方，(9b) の場合，動作主が時計に対してそれを壊す典型的な行為（たとえばどこかにぶつけるなど）を行ったため，それによって壊れる過程が開始されたことを表しています。この典型的行為の連想というのは，他動詞用法が表す意味に見られる特徴であるので，この場合 break は他動詞形で用いられていることになります。

　同様の捉え方（表される状況）の違いは，実例にも観察されます。

(10) a. The calm of the courtyard was shattered by Bethany's shrill scream.　The silver tray crashed to the bricks. Teacups *broke* into shards, and a half-filled pot of tea exploded on impact.

(Laura Childs, *Death By Darjeeling*: 20)

（中庭の静寂を破ったのはベサミーのけたたましい叫び声だった。銀のトレイが大きな音を立ててれんがにぶつかった。ティーカップが割れて粉々になり，半分ほどお茶の入ったポットが衝撃で破裂した）

b. When Dwight lost his temper, he *broke* cups and picture frames and even window panes.

(https://books.google.co.jp/books?isbn=0971487324)

（ドワイトはかっとなると，カップや額縁，さらには窓ガラスさえも割った）

（10a）ではお茶を給仕していたベサミーが，椅子に座っている男性が死んでいるのを発見し，ショックでポットとティーカップの載ったトレイを取り落とした場面です。(8) で decay, rot, burn, dry の対象物に関して説明されているのと同様に，ティーカップは，割れやすいものであるという性質を有していたため，落下の衝撃を受けて自発的に割れたと解釈されます。そのある種の自発性が自動詞用法によって表されるため，break は自動詞になっているのです。一方，（10b）の状況は，かっとなったドワイトが，カップや額縁，窓ガラスに対してそれを割る典型的な行為（たとえば床や壁に投げつける，衝撃を与えるなど）を行ったため，それによって割れる過程が開始されたというものです。これは他動詞用法の表す状況なので，break は他動詞になっていると考えられます。

　もう一つの代表的状態変化動詞である open についても考えてみましょう。この場合も捉え方（表される状況）が自動詞形・他動詞形のいずれを用いるのかに反映されています。(11) はいずれも，呼び鈴を鳴らした後，誰かがドアを開いた状態にしたことを表していますが，それに対する捉え方が違います。

(11) a. He rang the doorbell.　A moment later, the door *opened*, and he found himself facing an attractive woman.　(Sidney Sheldon, *Morning, Noon and Night*: 278)
（彼は玄関の呼び鈴を鳴らした。少ししてドアが<u>開いて</u>，彼の目の前に魅力的な女性がいた）

b. A sign on the door read: DOCTOR IS IN.　RING BELL AND PLEASE BE SEATED.
"Where?" Willis asked.　"On the doorstep?"
They rang the bell, *opened* the door, and entered the office.　(Ed McBain, *Cop Hater*: 194)
（玄関の看板には「診察中。呼び鈴を鳴らしてご着席ください」とあった。「どこだ？」ウィリスが尋ねた。「すぐ近くにいるの

　　　かな？」彼らは玄関の呼び鈴を鳴らしドアを<u>開けて</u>，診察室に
　　　入った）

　(11a) ではドアが中から開けられたため，ドアが開いた状態になる
時点では動作主（外的原因）であるドアを開けた人（この例だと彼
の目の前に登場した魅力的な女性）が見えていません。そのため，
ドアが独立して自発的に開いたと捉えられ，open は自動詞形で用
いられているのです。一方，(11b) では彼らがドアを開けそれを彼
ら自身の視点から捉えています。当然，ドアを開ける動作主（外的
原因）である自分たちは，起こっている状況の一部として認識され
ています。そのため，動作主がドアに対してそれを開く典型的な行
為（たとえばノブを回してドアを引くなど）を行った結果，ドアが
開いた状態が生じたという捉え方がされるのです。そのため，
open が他動詞で用いられています。

　ここまで自動詞形・他動詞形が表しうる状況について，Härtl
(2003) と実例を参考に見てきました。ではこれらの表す状況の意
味的特徴は，事象スキーマや意味表示の構成要素とどのように関連
づけられるのでしょうか？ 以下でそれを考えていきましょう。

9.5.　語根のフレーム意味論とプロファイル

　そもそも語根が表す意味というのは，第6章3節の (14) で見た
ように，フレーム意味論的知識（意味フレーム）から成り立ってい
ると考えられるのでした。これが事象スキーマに組み込まれる際に
は，そうしたフレーム意味論的知識全体のうち一部のみが注目さ
れ，残りの部分は背景化されることになります。というのも，意味
フレーム全体は，さまざまな様態や状態を意味要素として含み，そ
れらが複雑につながった形をしているため，[3] 全体をそのまま見た

---

　　[3] このように様態や状態を結びつける因果関係は，現実世界においてはきわめ

だけでは，事象スキーマに様態として組み込まれるのか状態として組み込まれるのか決定できないからです。そこで，そのさまざまな部分のうち一つだけに目を付け（これを認知言語学では「プロファイルする」とよく言います），その部分の存在論的型に基づいて，それを事象スキーマの一部に組み込むわけです。目を付けられなかった部分は背景的な意味には含まれますが，語根の存在論的型には関係しません。

Goldberg (2010) では，このように目を付ける部分をプロファイル，それ以外の部分を背景フレームと呼び，以下のように説明しています。

(12) a. A word sense's **semantic frame** (what the word 'means' or 'evokes') = **profile + background frame**
(語の意味の**意味フレーム**（その語が「意味し」たり「呼び起こし」たりすること）＝**プロファイル＋背景フレーム**)

b. A word sense's **profile**: what the word designates, asserts
(語の意味の**プロファイル**：その語が指示する，つまり断定すること)

c. A word sense's **background frame**: what the word takes for granted, presupposes
(語の意味の**背景フレーム**：その語が当然のことだとする，つまり前提とすること)

(Goldberg (2010: 40))

これを Levin と Rappaport Hovav による語彙意味論で考えると，語根はさまざまな様態や状態が因果関係でつながった意味フレーム

て入り組んでおり，実際にはそのような因果連鎖（causal chain）の中から一部を切り出す（つまりプロファイルする）形で我々は物事を理解しています。こうしたことに関しては，大堀（2002: 98-100）の説明がわかりやすいです。

を表し，そのうちプロファイル（された部分）の存在論的型が様態なのか状態なのかによって，組み込まれる事象スキーマが決まるということです。

　プロファイルの存在論的型が様態の場合，(13) の規範的具現化規則によって (4a) の事象スキーマに語根のプロファイルされた部分が組み込まれます。

　(13)　　manner → [x ACT$_{<MANNER>}$]（＝第6章 (19a)）
　　　　　　　　　〔x が「... する」動詞〕（行為動詞）

　一方，存在論的型が状態の場合，ここまで見てきた考え方だけだと，組み込まれる事象スキーマが (4b) (4c) (5) の3通りあることになってしまいます。ではこれら三つのうちどれに組み込まれるのか何によって決まるのでしょうか。実は，「状態」そのものから因果連鎖をさかのぼって，意味フレーム内のどこまでの範囲をプロファイルするかによって決まってくると考えられます。以下でそれを見ていきましょう。

　第6章の (19d) で見た「外的使役（による状態変化）動詞」の規範的具現化規則は，Rappaport Hovav and Levin (1998: 109) のものでしたが，Rappaport Hovav and Levin (2010: 24) では以下のように修正されています。

　(14)　　externally caused, i.e. result, state →
　　　　　[[x ACT] CAUSE [y BECOME *<RESULT-STATE>*]]
　　　　　〔x が y を「... になるようにする」動詞〕（使役動詞）
　　　　　(e.g. *break, dry, harden, melt, open, ...*)
　　　　　　　　　　　　　　　(Rappaport Hovav and Levin (2010: 24))

つまり，単に「状態」（*<STATE>*）で，(4b) の事象スキーマに組み込まれる語根と区別するため，(5) の事象スキーマに組み込まれる語根は「結果状態」（*<RESULT-STATE>*）と表記しているのです。でも，上の Härtl (2003) による使役交替の意味的条件のとこ

ろで見たように，「結果状態」には，独立して自発的に進行する状態変化の結果生じるもの（これはそのまま「結果状態」（result state）と呼びます）と，動作主の関与によって進行する状態変化の結果生じるもの（こちらは「使役的結果状態」（caused result state）と呼び，<CAUSED-RESULT-STATE> と表示します）がありますので，この違いもちゃんと区別する必要があります。

　つまり，これまで一様に「状態」（state）と呼び <STATE> と表示してきた存在論的型が，意味フレームの因果連鎖のうちどれだけの範囲をプロファイルしているかによって，(15a)(15b)(15c) の3通りに下位分類されるということです。[4] なおプロファイルされる範囲は（一）で示しています。

(15)

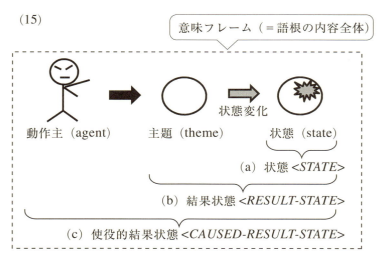

意味フレーム（＝語根の内容全体）

動作主（agent）　　　主題（theme）　　　状態（state）

状態変化

(a)　状態 <STATE>

(b)　結果状態 <RESULT-STATE>

(c)　使役的結果状態 <CAUSED-RESULT-STATE>

(15a) のようにプロファイルに状態変化を表す部分が含まれない（つまりずっと成立している）状態ならば，存在論的型は「状態」に

---

[4] このような考え方は，事象の捉え方の違いに重点を置いた認知言語学的な考え方で，もともと Langacker (1990: 216–219) などで提示されたものです。

なり，状態動詞の事象スキーマ（4b）に語根のプロファイルされた
部分が組み込まれます。

  (16)　state → [y <*STATE*>]（＝第6章 (25)）
　　　　　　　　〔y が「...（である）」動詞〕（状態動詞）

（15b）のようにプロファイルに状態変化を表す部分はあっても，動
作主（外的原因）の関与による状態変化の開始点がなければ，存在
論的型は使役的ではない「結果状態」になります。そのため，状態
変化を表す BECOME 述語だけを含む到達動詞の事象スキーマ
（4c）に語根のプロファイルされた部分が組み込まれます。

  (17)　achievement → [BECOME [y <*RESULT-STATE*>]]
　　　　　　　　〔y が「... になる」動詞〕（到達動詞）

最後に，（15c）のようにプロファイルに動作主（外的原因）の関与
と状態変化の両方が含まれていれば，存在論的型は「使役的結果状
態」になります。語根がこのようなプロファイルをされた場合，動
作主の関与を表す ACT，使役を表す CAUSE，状態変化を表す
BECOME のすべてを含む使役動詞の事象スキーマに組み込まれる
ことになります。

  (18)　externally caused state →
　　　　[[x ACT] CAUSE [BECOME [y <*CAUSED-RESULT-STATE*>]]]
　　　　　　　　〔x が y を「... になるようにする」動詞〕（使役動詞）

　これらを踏まえて，上で見た Härtl による使役交替の条件を再考
してみましょう。まず，上の (i) 自動詞のみ（decay, rust など）
の場合，語根にそもそも含まれているのが状態変化を表す部分だけ
で，開始点は不明確です。つまり，動作主の関与という形を取る開
始点そのものが語根の意味フレームに含まれていないのです。その
ため，プロファイルできる内容は，状態変化＋状態（つまり存在論
的型で言うと（15b）の結果状態）だけということになり，（17）の

規範的具現化規則によって意味表示が作られるという選択肢しかないわけです。したがって，自動詞用法のみということになります。

　次に，（ii）使役交替（burn, dry など）の場合ですが，語根の意味フレームに含まれているのは動作主の関与による状態変化の開始と，それに続く状態変化の両方です。そのため，状態変化＋状態だけをプロファイルして結果状態（15b）の存在論的型を取りだし（17）の規範的具現化規則によって到達動詞（自動詞）の意味表示を作ることができます。また，状態変化の開始点から結果状態まで全部プロファイルして使役的結果状態（15c）にし，（18）の規範的具現化規則に従って使役動詞（他動詞）の意味表示を作ることも可能です。そして，このようなプロファイルの仕方の違いが，（9a）と（9b），（10a）と（10b），（11a）と（11b）の解釈の違いを生み出しているのです。

　最後に，（iii）他動詞のみ（destroy, mutilate など）ですが，これらも（ii）同様，動作主の関与による状態変化の開始と，それに続く状態変化の両方を語根のフレームに含んでいます。ただし，（iii）が表す徐々に進む状態変化が生じるためには，動作主の継続的関与が必要ですので，この部分をプロファイルしないと，事象の意味的特徴を全部表すことができません。[5] なので，動作主の関与の部分がどうしてもプロファイルされます。したがって，両方をプロファイルして使役的結果状態（15c）にし，（18）の規範的具現化規則に従って使役動詞（他動詞）を作ることしかできないのです。

　語根を直接事象スキーマに組み込み，それによって一方（つまり基本形）の意味表示を作った後で，そこから他方が派生されるとい

---

[5] ここで提示したのは，動作主の継続的関与が，状態変化の進行に不可欠であるため意味的にプロファイルされる必要があるとする考え方です。Rappaport Hovav（2014: 19-21）では，murder, kill, destroy がそもそも（意味とは直接関係なしに）外的原因を表す項と語彙的に関連づけられているので他動詞用法しかないと主張していますが，この本のように意味的な動機づけを与える説明のほうがより説得力があるのではないでしょうか。

う派生的なアプローチは，両方の形が同じくらい基本的でよく使われる場合，岩田（2012: 114）の言う「ではなぜそちらが基本的なのだ？」という問題が必ず生じます。したがって，ここまで見てきたような非派生的アプローチのほうが，使役交替のような自動詞用法のみのもの，他動詞用法のみのもの，自他交替するものがすべて見られるような交替を説明する方法としては妥当かと思います。

　この章で提示した非派生的アプローチをもう一度整理すると次のようになります。

(19) a. 語根が直接事象スキーマに組み込まれるのではない。というのも，そもそも語根は，意味フレーム（つまり，さまざまな様態や状態を意味要素として含み，それらが複雑につながった概念）を表しているため，そのまま直接事象スキーマに結びつけることはできない。

　　 b. したがって，その意味フレームの一部に着目し（これを「プロファイルする」といい，そのようにして着目された部分は「プロファイル」と呼ばれる），それが様態，状態，結果状態，使役的結果状態のいずれであるかによって，それぞれ（4a）（4b）（4c）（5）のどの事象スキーマに組み込まれるのかが決まる。

　　 c. 同じ語根から複数の意味表示が作られる場合，プロファイル（される部分）の違いによって関連づけられる事象スキーマが異なってくることからそのようになっている。

このような発想は，Levin と Rappaport Hovav が構築してきた語彙意味論よりもむしろ，Goldberg の構文文法に典型的に見られるものです。そのため，このような考え方を述べると，違う理論の発想を並べているとか，複数の理論を混用しているといった否定的なことを言う研究者もいます。でも，今日の Levin と Rappaport Hovav の論考は，多くの点で事実上 Goldberg の構文文法と同様

198

の発想を取り込んでいます。[6] 実はこれら二つのアプローチというのは，Rappaport Hovav and Levin (1998: 129-130) の時点ですでに述べられているように多くの共通点をもっており，お互いの発想を取り込むことに関する親和性はある程度あると考えられます。それに，第8章の注11でも触れましたが，岩田 (2015: 69, 注3) が言うように，「『語彙テンプレートに動詞の定項を挿入する』という考え方は，明らかに構文的発想法」ですので，第6章で提示した仕組みそのものが，実は構文文法で動詞を構文に融合させる仕組みとほとんど同じなのです（これに関しては，この本の第6章の表記と，岩田 (2012: 11) で引用されている Goldberg 流の動詞と構文の融合に関する表記を比較すればよくわかります）。したがって，この本でここまで提示してきた仕組みは，それほど的外れではないと筆者自身は考えています。

---

[6] Levin and Rappaport Hovav (2013) では，英語の動詞 cut と climb に，様態動詞と結果動詞の両方の用法が見られることを，語根のプロファイルが一方から他方に移ると見なすことができるような発想によって説明しており，まさにこの本で提示した (19) のような考え方と軌を一にしています。

お わ り に

　研究者が入門書的な本を 1 冊書くということは，その人がそれまで学んで自分なりに消化してきたことを，興味深い形で世の中の人に提示し，知的好奇心を刺激することだと思います。学んで消化してきたという点で言うと，私自身は多くの方々からさまざまなことを学ばせてもらってきました。振り返ってみると，この本で扱った内容はその大部分が，私の師匠であった故児玉徳美先生のもとで大学院時代に紹介されたり学んだりしたものです。先生は勤務校を退職された後も，亡くなられる直前まで六甲英語学研究会に出席され，私は先生から数々のご指導，ご鞭撻を賜りました。そして，立命館大学の佐野まさき先生には，学部時代，大学院生時代を通じてずっと言語学的な思考法を教わり，2014 年立命館大学に提出した博士学位論文の主査もして頂きました。また，この本の内容には語法研究的な側面も見られますが，それに関しては，柏野健次先生と故内木場努先生より多くのことを教わりました。さらに，近畿大学の吉田幸治氏と龍谷大学の五十嵐海理氏からは，大学院生時代よりさまざまな機会を通じて，多くのアドバイスやコメントをもらってきました。私が曲がりなりにも，研究者としてこのような本を書くことができたのは，上記の方々を初めとして多くの方々から受けた恩恵によるものであり，記して感謝の意を表したいと思います。

　この本を書くことで，これまで自分が研究者として歩んできた道のりを振り返ることができました。思い返せば，2000 年 10 月 22 日に当時の神戸商科大学で開催された第 25 回関西言語学会で，初めて学会発表をしたときのテーマも，「2 種類の Accomplishment Verbs」と題した動詞の意味に関するものでした。あれから気がつけば 17 年たちました。以来ずっと動詞の意味を中心に研究してきましたが，この本を書くことで，これまでに多くの方々から受けて

きた学恩を少しでも社会に返すことができればと考えています。また，このような機会を与えてくださった開拓社の川田賢氏にも改めてお礼を言いたいと思います。

　最後に，インフォーマントとして快く協力して下さった Michael Greisammer 講師，最初の読者として原稿を読んで意見を聞かせてくれた筆者のゼミ生の牧野紀彦君，再校を緻密に読んで数多くの指摘をしてくれた神戸市外国語大学大学院生の萩澤大輝君にも併せて感謝します。

2017 年 10 月　　出水 孝典

参 考 文 献

Alexiadou, Artemis, Elena Anagnostopoulou and Florian Schäfer (2015) *External Arguments in Transitivity Alternations: A Layering Approach*, Oxford University Press, Oxford.

Beavers, John., Beth Levin and Shiao Wei Tham (2010) "The Typology of Motion Expressions Revisited," *Journal of Linguistics* 46, 331–377.

Becker, Alton L. and David G. Arms (1969) "Prepositions as Predicates," *CLS* 5, 1–11.

Davidse, Kristin (1992) "Transitivity/Ergativity: The Janus-headed Grammar of Actions and Events," *Advances in Systemic Linguistics: Recent Theory and Practice*, ed. by Martin Davies and Louise Ravelli, 105–135, Pinter Publishers, London.

Demizu, Takanori (2015) *Lexicalization Typology and Event Structure Templates: Toward Isomorphic Mapping between Macroevent and Syntactic Structures*, Kaitakusha, Tokyo.

出水孝典 (2017)「『着く』『到着する』と訳されない動詞 arrive」『立命館英米文学』第 26 号, 52–76, 立命館大学英米文学会.

Dowty, David (1979) *Word Meaning and Montague Grammar: The Semantics of Verbs and Times in Generative Semantics and in Montague's PTQ*, D. Reidel, Dordrecht.

Geis, Jonnie Elinor (1970) *Some Aspects of Verb Phrase Adverbials in English*, Doctoral dissertation, University of Illinois at Urbana-Champaign, University Microfilms, Inc., Ann Arbor.

Goldberg, Adele E. (1995) *Constructions: A Construction Grammar Approach to Argument Structure*, University of Chicago Press, Chicago.

Goldberg, Adele E. (2001) "Patient Arguments of Causative Verbs can be Omitted: The Role of Information Structure in Argument Distribution," *Language Sciences* 23, 503–524.

Goldberg, Adele E. (2010) "Verbs, Constructions, and Semantic Frames." *Lexical Semantics, Syntax, and Event Structure*, ed. by Rappaport Hovav, Malka, Edit Doron and Ivy Sichel, 39–58, Oxford University

Press, Oxford.

Gruber, Jeffrey S. (1976) *Lexical Structures in Syntax and Semantics*, North-Holland Publishing Company, Amsterdam.

Härtl, Holden. (2003) "Conceptual and Grammatical Characteristics of Argument Alternations: The Case of Decausative Verbs," *Linguistics* 41, 883–916.

Haspelmath, Martin (1993) "More on the Typology of Inchoative/Causative Verb Alternations," *Causatives and Transitivity*, ed. by Bernard Comrie and Maria Polinsky, 87–120, John Benjamins, Amsterdam.

石黒昭博 (監修) (2009)『総合英語 Forest』(第 6 版), 桐原書店, 東京.

岩田彩志 (2012)『英語の仕組みと文法のからくり―語彙・構文アプローチ―』(開拓社言語・文化選書 34), 開拓社, 東京.

岩田彩志 (2015)「語彙規則アプローチ vs. 構文アプローチ―どこが違うのか?―」『言語研究の視座』, 深田智・西田光一・田村敏広 (編), 64–76, 開拓社, 東京.

Jackendoff, Ray (1972) *Semantic Interpretation in Generative Grammar*, MIT Press, Cambridge, MA.

Jackendoff, Ray (1990) *Semantic Structures*, MIT Press, Cambridge, MA.

影山太郎 (1999)『形態論と意味』(日英対照による英語学演習シリーズ 2), くろしお出版, 東京.

影山太郎 (編) (2001)『日英対照 動詞の意味と構文』大修館書店, 東京.

影山太郎 (2008)「語彙概念構造 (LCS) 入門」『レキシコンフォーラム No. 4』, 影山太郎 (編), 239–264, ひつじ書房, 東京.

Kearns, Kate (2011) *Semantics*, 2nd ed., Palgrave Macmillan, London.

Lakoff, George (1968) "Some Verbs of Change and Causation," *Mathematical Linguistics and Automatic Translation*, Report No. NSF-20, III-1-III-27.

Langacker, Ronald W. (1990) *Concept, Image, and Symbol: The Cognitive Basis of Grammar*, Mouton de Gruyter, Berlin.

Levin, Beth (1999) "Objecthood: An Event Structure Perspective," *CLS 35: The Main Session*, 223–247.

Levin, Beth (2000) "Aspect, Lexical Semantic Representation, and Argument Expression," *BLS* 26, 413–429.

Levin, Beth and Malka Rappaport Hovav (1991) "Wiping the Slate Clean: A Lexical Semantic Exploration," *Cognition* 41, 123–151.

Levin, Beth and Malka Rappaport Hovav (1992) "The Lexical Semantics of Verbs of Motion: The Perspective from Unaccusativity," *Thematic Structure: Its Role in Grammar*, ed. by I. M. Roca, 247–269, Foris, Berlin.

Levin, Beth and Malka Rappaport Hovav (1995) *Unaccusativity: At the Syntax-Lexical Semantics Interface*, Linguistic Inquiry Monograph 26, MIT Press, Cambridge, MA.

Levin, Beth and Malka Rappaport Hovav (1999) "Two Structures for Compositionally Derived Events," *SALT* 9, 199–223.

Levin, Beth and Malka Rappaport Hovav (2005) *Argument Realization*, Cambridge University Press, Cambridge.

Levin, Beth and Malka Rappaport Hovav (2013) "Lexicalized Meaning and Manner/Result Complementarity," *Studies in the Composition and Decomposition of Event Predicates*, ed. by Boban Arsenijević, Berit Gehrke and Rafael Marín, 49–70, Springer, Dordrecht.

McCawley, James D. (1968) "Lexical Insertion in a Transformational Grammar without Deep Structure," *CLS* 4, 71–80.

大室剛志 (2017)『概念意味論の基礎』(開拓社言語・文化選書 67), 開拓社, 東京.

大堀壽夫 (2002)『認知言語学』東京大学出版会, 東京.

小野尚之・由本陽子 (2015)「語彙意味論の新たな可能性を探って」『語彙意味論の新たな可能性を探って』, 由本陽子・小野尚之 (編), 1–20, 開拓社, 東京.

Perlmutter, David M. (1978) "Impersonal Passives and the Unaccusative Hypothesis," *BLS* 4, 157–189.

Perlmutter, David M. and Paul M. Postal (1984) "The 1-Advancement Exclusiveness Law," *Studies in Relational Grammar 2*, ed. by David M. Perlmutter and Carol G. Rosen, 81–125, University of Chicago Press, Chicago and London.

Rappaport Hovav, Malka (2008) "Lexicalized Meaning and the Internal Temporal Structure of Events," *Theoretical and Crosslinguistic Approaches to the Semantics of Aspect*, ed. by Susan Rothstein, 13–42, John Benjamins, Amsterdam.

Rappaport Hovav, Malka (2014) "Lexical Content and Context: The Causative Alternation in English Revisited," *Lingua* 141, 8–29.

Rappaport Hovav, Malka and Beth Levin (1998) "Building Verb Meanings," *The Projection of Arguments: Lexical and Compositional Factors*, ed. by Miriam Butt and Wilhelm Geuder, 97-134, CSLI Publications, Stanford.

Rappaport Hovav, Malka and Beth Levin (2001) "An Event Structure Account of English Resultatives," *Language* 77, 766-797.

Rappaport Hovav, Malka and Beth Levin (2010) "Reflections on Manner/Result Complementarity," *Lexical Semantics, Syntax, and Event Structure*, ed. by Malka Rappaport Hovav, Edit Doron and Ivy Sichel, 21-38, Oxford University Press, Oxford.

Rappaport Hovav, Malka and Beth Levin (2012) "Lexicon Uniformity and the Causative Alternation," *The Theta System: Argument Structure at the Interface*, ed. by Martin Everaert, Marijana Marelj and Tal Siloni, 150-176, Oxford University Press, Oxford.

Smith, Carlota S. (1997) *The Parameter of Aspect*, 2nd ed., Kluwer, Dordrecht.

Talmy, Leonard (1985) "Lexicalization Patterns: Semantic Structure in Lexical Forms," *Language Typology and Syntactic Description: Volume III Grammatical Categories and the Lexicon*, ed. by Timothy Shopen, 57-149, Cambridge University Press, Cambridge.

Talmy, Leonard (2000) *Toward a Cognitive Semantics: Volume II: Typology and Process in Concept Structuring*, MIT Press, Cambridge, MA.

辻幸夫（編）(2013)『新編　認知言語学キーワード事典』研究社，東京.

van Voorst, Jan (1995) "The Semantic Structure of Causative Constructions," *Studies in Language* 19, 489-523.

Vendler, Zeno (1957) "Verbs and Times," *Philosophical Review* 66, 143-160.

由本陽子・小野尚之（編）(2015)『語彙意味論の新たな可能性を探って』開拓社，東京.

用例出典

麻見和史 (2013)『虚空の糸　警視庁捜査一課十一係』（講談社ノベルス），講談社，東京.

鮎川哲也 (1983)『戌神はなにを見たか』（講談社文庫），講談社，東京.

池井戸潤 (2011)『不祥事』（新装版）（講談社文庫），講談社，東京.

勝目梓 (1983)『地獄の十点鐘』（徳間文庫），徳間書店，東京.

高木彬光（2012）『神津恭介の復活』（光文社文庫），光文社，東京.

楡周平（2004）『フェイク』（角川文庫），角川書店，東京.

松田美智子（1998）『大学助教授の不完全犯罪』（幻冬舎アウトロー文庫），幻冬舎，東京.

薬丸岳（2008）『天使のナイフ』（講談社文庫），講談社，東京.

横山秀夫（2005）『半落ち』（講談社文庫），講談社，東京.

Benchley, Peter (1974/1991) *Jaws*, A Fawcett Crest Book, New York.

Brown, Dan (2000/2001) *Angels and Demons*, A Pocket Star Book, New York.

Cussler Clive with Jack Du Brul (2008/2009) *Plague Ship*, Berkley premium edition, A Berkley Book, New York.

Childs, Laura (2001) *Death by Darjeeling*, A Berkley Prime Crime Book, New York.

Deaver, Jeffery (2008) *The Bodies Left Behind*, Simon and Schuster, New York.

Durham, Laura (2005) *Better Off Wed*, Avon Books, New York.

Hailey, Arthur (1965/1991) *Hotel*, A Dell Book, New York.

James, P. D. (2006) *The Lighthouse*, Penguin Books, London.

Kiefer, Warren (1972) *The Lingala Code*, Random House, New York.

Lutz, John (1988) *Kiss*, Henry Holt and Company, New York.

McBain, Ed (1956/1999) *Cop Hater*, Pocket Books, New York.

Moyes, Patricia (1960/1984) *Dead Men Don't Ski*, An Owl Book, Henry Holt and Company, Inc., New York.

Reich, Christopher (2002) *The First Billion*, A Dell Book, New York.

Robbins, Harold (1974) *The Pirate*, Simon and Schuster, New York.

Robbins, Harold (1979) *Memories of Another Day*, Simon and Schuster, New York.

Sachar, Louis (1998/2001) *Holes*, Dell Laurel-Leaf, New York.

Sheldon, Sidney (1973) *The Other Side of Midnight,* William Morrow and Company, New York.

Sheldon, Sidney (1976/1988) *A Stranger in the Mirror*, Grand Central Publishing, New York.

Sheldon, Sidney (1977) *Bloodline*, William Morrow and Company, New York.

Sheldon, Sidney (1995) *Morning, Noon and Night*, Warner Books, New

York.

Steinhauer, Olen (2003) *The Bridge of Sighs*, St. Martin's Minotaur, New York.

Wallace, Irving (1980) *The Second Lady*, The New American Library, New York.

Wallace, Irving (1986) *The Seventh Secret*, E. P. Dutton, New York.

辞 書

市川繁治郎ほか（編）(1995)『新編 英和活用大辞典』研究社，東京．

高橋作太郎ほか（編）(2012)『リーダーズ英和辞典』（第3版），研究社，東京．

南出康世（編）(2014)『ジーニアス英和辞典』（第5版），大修館書店，東京．

南出康世・中邑光男（編）(2011)『ジーニアス和英辞典』（第3版），大修館書店，東京．

山田忠雄ほか（編）(2011)『新明解国語辞典』（第7版），三省堂，東京．

Oxford University Press, ed. (2015) *Oxford Advanced Learner's Dictionary*, 9th ed. (*OALD*[9]), Oxford University Press, Oxford.

Oxford University Press, ed. (2008) *Oxford Sentence Dictionary*, Oxford University Press, Oxford.

索　　引

1.　日本語は五十音順に並べ，英語で始まるものは ABC 順で最後に一括してある。
2.　数字はページ数字を示す。

出水　孝典　（でみず　たかのり）

　1973 年大阪府生まれ。立命館大学で英語学・言語学を学ぶ。立命館大学博士課程（文学研究科，英米文学）を 2000 年に単位取得満期退学。2014 年 3 月文学博士（立命館大学）。立命館大学言語教育センター外国語嘱託講師，神戸学院大学人文学部人文学科准教授を経て，2017 年より神戸学院大学人文学部人文学科教授。

　専門は語彙意味論で，近年は様態・結果の相補性が言語にどう反映されるのかを研究している。主要業績：*Lexicalization Typology and Event Structure Templates: Toward Isomorphic Mapping between Macro-event and Syntactic Structures*（2015 年，開拓社），「フランス語に訳されない英語の移動動詞──英語動詞 walk の翻訳を題材に──」（2014 年，*JCLA*），「様態・結果の相補性からみた動詞 move」（2015 年，*JELS*）など。

動詞の意味を分解する
　──様態・結果・状態の語彙意味論──　　　＜開拓社　言語・文化選書 71＞

2018 年 3 月 20 日　第 1 版第 1 刷発行

著作者　　出水孝典
発行者　　武村哲司
印刷所　　日之出印刷株式会社

発行所　　株式会社　開拓社
　　　　　　　　　　　　　　　〒113-0023　東京都文京区向丘 1-5-2
　　　　　　　　　　　　　　　電話　（03）5842-8900（代表）
　　　　　　　　　　　　　　　振替　00160-8-39587
　　　　　　　　　　　　　　　http://www.kaitakusha.co.jp